Monique Wemhoff

ALLEIN MIT KIND · BAND 7
Mir zuliebe

*Für meinen Sohn,
für alle, die den Mut haben, die großen
Wendepunkte des Lebens anzunehmen,
mit Selbstfürsorge ihren Weg zu gehen und
offen zu sein für die Unterstützung,
die das Leben durch Menschen und
Begegnungen schenkt.*

Monique Wemhoff

ALLEIN MIT KIND · BAND 7

Mir zuliebe

Von der Reise zu mir selbst

Diese Buchreihe gibt Einblicke in das echte Leben
allein mit Kind/ern

Lektorat: Sarah Zöllner, sarahzoellner.com
Design und Buchsatz: Silke Wildner, silkewildner.de

Bibliografische Information der Deutschen Nationalbibliothek
Die Deutsche Nationalbibliothek verzeichnet diese Publikation in der Deutschen Nationalbibliografie; detaillierte bibliografische Daten sind im Internet über dnb.dnb.de abrufbar.

Verlag: BoD · Books on Demand GmbH, In de Tarpen 42, 22848 Norderstedt, bod@bod.de
Druck: Libri Plureos GmbH, Friedensallee 273, 22763 Hamburg
ISBN: 978-3-7693-9869-4

Kapitelübersicht

Phase 1

Schwups – auf einmal steht meine Welt Kopf!
Neue Schritte, Gefühlschaos und völliges Umdenken.

1. ÜBER MICH

2. TRENNUNG ALS ELTERN

3. NICHT OHNE EINEN ANWALT

4. ABSCHIED UND RÄUMLICHE TRENNUNG

Phase 2

Auch ein riesiger Berg kann in kleinen Schritten erklommen
werden. Weitermachen, vertrauen, Hilfe annehmen und das eigene
Wohl im Blick halten.

5. UNSER NEUES ZUHAUSE UND ANKOMMEN

6. LEBEN IN ZWEI HAUSHALTEN

Phase 3
Ich weiß jetzt wieder klarer, wer ich bin.
Innerer Frieden, persönliches Wachstum und tiefe Dankbarkeit.

Vorwort

Als Monique mich fragte, ob ich das Vorwort ihres Buches schreiben würde, fühlte ich mich sehr geehrt. Ich weiß, wie viel Herzblut, Freude, Schweiß und Tränen Monique in dieses Buch investiert hat.

In diesem Buch nimmt Monique Wemhoff uns mit in ihre Welt. Sie beschreibt in ihrem Buch sehr ehrlich und authentisch die großen Herausforderungen eines Lebens als alleinerziehende Mutter, die den ganzen Einsatz und die ganze Persönlichkeit fordern. Umso schöner ist es, dass sie uns auch daran Anteil haben lässt, wie der Schritt weg von konflikthaften Partnerschaften oft der Schritt zu mehr Zufriedenheit, Zuversicht und Freiheit ist, zu einem Wachsen an Herausforderungen, zu neuer Stärke und dem Selbstbewusstsein, es auch allein zu schaffen.

Auch wenn ich nicht alleinerziehend bin, konnte ich viele Tipps und Botschaften aus den einzelnen Kapiteln für mich mitnehmen und in meinem Alltag als Mutter umsetzen. Monique spart in diesem Buch nichts aus. Sie berichtet sehr ehrlich über die Schwierigkeiten als Alleinerziehende, macht aber auch gleichzeitig Hoffnung und zeigt aus ihrer Erfahrung heraus Wege auf, die ihr wieder Mut und Zuversicht gegeben haben. Die tiefe Liebe zu ihrem Sohn und die daraus resultierende Stärke einer „Löwenmutter" zieht sich durch jedes ihrer Kapitel.

„Gebt den Kindern Liebe, mehr Liebe und noch mehr Liebe,
dann stellen sich die guten Manieren ganz von selbst ein."

Astrid Lindgren

Beim Lesen der einzelnen Kapitel war ich sehr berührt und mein bereits vorhandener allerhöchster Respekt vor Monique und allen anderen alleinerziehenden Müttern und Vätern stieg ins Unermessliche. Manchmal fühlt es sich vielleicht nicht so an, als wäre das, was ihr Tag für Tag tut, richtig und gut, und wahrscheinlich ist es das auch nicht immer. Aber in jedem Fall bringt ihr euren Kindern eine wirklich wichtige Lektion bei: Was auch immer es ist, du schaffst es, wenn es dir wichtig ist. Vielleicht nicht an jedem Tag perfekt, aber du schaffst es.

Liebe Monique,
du bist für mich ein großes Vorbild. Ich bewundere deine Kraft,
innere Stärke und du gehörst zu den warmherzigsten Menschen,
die ich kenne. Bitte bleib so, wie du bist! Du zeigst, was möglich ist.

Sarah Dechering

Einleitung

Hallo, ich bin Monique, 43 Jahre alt, und habe einen Sohn, der mittlerweile sechs Jahre alt ist. Lange, bevor es mich selbst betraf, sah ich im Fernsehen einen Bericht über eine alleinerziehende Mutter. Ich erinnere mich noch sehr gut, dass ich großen Respekt gegenüber dieser Frau und dem, was sie leistete, empfand. Meine Vorstellungskraft reichte nicht aus, mir auszumalen, wie das alles leistbar sein könnte. Voller Bewunderung sprach ich mit meinem jetzigen Ex-Mann darüber. Das Thema „Alleinerziehendsein", schien Kilometer weit weg von mir und meiner Realität. Die nachfolgende Zeit zeigte dann, dass alles anders kommen kann, als wir denken.

Als es 2020 von meiner Seite aus zur Trennung kam, fühlte sich das alles nicht nach mir an. Es war so unwirklich, wenn auch absolut nötig. Ich fragte mich ständig, wie es hatte dazu kommen können und warum gerade mir das alles passierte. Ich haderte zuerst noch mit meiner neuen Rolle, fühlte jedoch, dass meine Schritte für meinen Sohn und mich wichtig gewesen waren. So rutsche ich nach und nach in mein „neues Leben".

Mein Bild von der unvollständigen Familie als Alleinerziehende, stark geprägt von meinem unmittelbaren Umfeld wie auch der Gesellschaft, trug ich lange mit mir herum. Nach meinem Gefühl fehlte der Papa für meinen Sohn und der Mann an meiner Seite. Auch jetzt taucht dieses Bild zeitweise in mir auf, wenn ich mich in einer Umgebung befinde, in der ich quasi umringt bin von Eltern mit ihren Kindern. Immer öfter ist es jetzt jedoch so, dass ich selbst gedanklich einen Scheinwerfer auf meinen Sohn und mich richte und mir sage: *„Wir fallen vielleicht auf, weil wir anders sind, aber wir sind trotzdem eine Familie."*

Mit der Zeit wurde mir immer klarer, dass das Merkmal einer Familie für mich nicht die Anzahl der Familienmitglieder ist, sondern das Ausmaß der Liebe, die im Miteinander herrscht. Dieser

Gedanke trägt mich sehr, wann immer ich das Gefühl habe, dass wir „anders" sind und im Grunde nicht dem Normbild der Gesellschaft entsprechen.

Am Anfang war es jedoch noch so, dass in mir ein Kampf herrschte, ganz nach dem Motto: *„Wenn ich es schon nicht schaffe in einer ‚klassischen' Familienstruktur zu leben, dann schaffe ich es jedoch bestimmt, bei all den anderen gesellschaftlichen Strukturen mitzuhalten."* Dieser Anspruch erwies sich jedoch recht schnell als extremer Energiefresser. Da mir bewusst wurde, dass meine Energie mein wertvollstes Gut war (besonders als Alleinerziehende), begann ich meine gedanklichen Strukturen zu reflektieren. Hierbei unterstützten mich von Anfang an verschiedene Onlinekurse, über die ich mich mit meiner persönlichen Entwicklung beschäftige. Sie halfen mir zum einen, mich und meine Werte, Bedürfnisse und Wünsche zu erforschen und sind ein Anker, der mir Halt und Sicherheit in meinem Leben gibt. Ein Leben, das mich immer wieder vor neue Herausforderungen stellt. So bin ich in mir nun bereits stabiler und sicherer, weil ich weiß, wer ich bin und was mich ausmacht.

Im Laufe meiner Erfahrungen als Alleinerziehende gab es sehr oft Situationen, die mich aufforderten, mit diesem *„Bei uns ist es anders"* und *„Wir machen es anders"* nach draußen zu gehen. Ganz nach dem Motto: *„Verstecken sinnlos!"* Ich nenne diese Situationen gerne Übungsfläche des Universums. Sie helfen mir, herauszufinden, welche Werte mir wichtig sind, wie ich mein Leben gestalten möchte, und welche Bedeutung es hat, für meinen Sohn und mich einzustehen.

Auch, wenn es anfangs noch schwer war, weil ich mich dazugehörig fühlen wollte, so spürte ich von Monat zu Monat, dass kein Weg an dieser deutlichen und absolut authentischen Wahrheit vorbeiführte. Wir fielen immer und immer wieder aus dem gesellschaftlich gesetzten Rahmen, und es war und ist ein gewaltiger Lernprozess.

So hangelte ich mich von einer herausfordernden Situation zur nächsten und kam irgendwann zu der Erkenntnis, dass ich mit meiner Position des anders Seins und anders Lebens vielleicht die wichtige Aufgabe habe, für all diejenigen ein Beispiel zu sein, die sich noch nicht trauen, es anders zu machen. Menschen, die sich bereits lange nicht gut mit ihrem Leben fühlen, weil ihnen immer bewusster wird, dass sie es mehr für die anderen als für sich leben. Menschen, denen sich zeigt, dass sie sich selbst und ihre Gefühle zu lange vernachlässigt haben.

Diese Aufgabe ist alles andere als „easy peasy". Vielmehr erfordert es viel Mut und persönliche Stärke, immer wieder gegen den Strom zu schwimmen und sich selbst mehr in den Fokus zu rücken.

Mit meiner Rolle als alleinerziehenden Mama hat dieser aufrüttelnde Weg begonnen und wird vermutlich bis ans Ende meines Lebens weitergehen, weil ich in mir dieses tiefe Feuer spüre, ein Leben führen zu wollen, das mir und meiner Wahrheit entspricht, unabhängig von gesellschaftlichen Vorstellungen.

Vielleicht erkennst du dich in meinen Zeilen wieder, weil du dich oft „anders" und dadurch irgendwie ausgeschlossen und nicht mittendrin fühlst? Du hinterfragst meistens zuerst dich selbst und hast Bedenken, was dein Umfeld sagt, wenn du wirklich lebst, wer du bist. Wenn das so ist, dann ist mein größter Wunsch, dich mit meinen Erfahrungen in diesem Buch zu ermutigen, nach außen zu kehren, was wirklich in dir steckt. Gib dein Versteckspiel auf, wage neue Schritte, denke andere Gedanken und stell dich mutig großen und kleinen Veränderungen. Fühle dich durch meine Zeilen gesehen, verstanden und auf dem Weg zu deiner Wahrheit begleitet.

Ich wünsche dir viel Freude beim Lesen und das Gefühl, nicht alleine zu sein. Es gibt immer wieder einen Hoffnungsschimmer und wenn wir daran glauben, wird es auch so sein! Gib nicht auf. Gib dich nicht auf!

Von Herzen nur das Beste für Dich, viel Klarheit und noch viel mehr Liebe.

Monique

Phase 1

*Schwups – auf einmal
steht meine Welt Kopf!*

Neue Schritte, Gefühlschaos
und völliges Umdenken

1. ÜBER MICH

Ja, wir schaffen das!

Als ich von der Buchreihe „Allein mit Kind" erfahren habe, war mir sofort bewusst, dass dies meine Chance ist, mir endlich meinen langersehnten Traum zu erfüllen, ein eigenes Buch zu schreiben. Der entsprechende Beitrag auf Instagram ließ mich gedanklich nicht mehr zur Ruhe kommen und mir war mehr als klar, dass meine Intuition bereits entschieden hatte.

So nahm das ganze Prozedere seinen Lauf. Als ich eine positive Rückmeldung zu meinem Probekapitel erhielt, wollte mir zwar ab und zu noch meine innere Kritikerin dazwischen grätschen, indem sie mir sagte, dass ich es niemals schaffen würde und nicht gut genug sei. Doch glücklicherweise gab ich ihr nicht ausreichend Macht über meine weiteren Schritte.

Auch wenn alles noch nicht richtig greifbar war, war zumindest ein gewisses Kribbeln vorhanden, was mir zeigte, dass ich in die Umsetzung kommen sollte. Zudem entwickelte sich nach den Gesprächen mit meiner Mentorin Silke Wildner über die nächsten konkreten Schritte, sowie die Vision hinter der ganzen Buchreihe, ein großes Gefühl der Sinnhaftigkeit.

In dieser Buchreihe erzählen alleinerziehende Frauen von ihren ganz persönlichen Geschichten und verfolgen damit das Ziel, Wege aus schwierigen Lebensphasen aufzuzeigen. Sie machen damit Mut und vermitteln anderen Frauen in ähnlichen Situationen das Gefühl des Verstandenwerdens. Etwas, das Alleinerziehende oft vermissen. Zudem wird in jedem Buch eine Art Hauptaspekt in die einzelnen Kapitel verwoben. Dieser rote Faden ist in jedem der

Bücher unterschiedlich. In meinem Buch greife ich die Selbstfürsorge auf.

Die Intention des Empowerments hinter der Buchreihe hat mich beflügelt. Endlich ergeben meine Erfahrungen und meine Geschichte auch Sinn für andere. All das, was ich erlebt habe und die dazugehörigen Lernprozesse können anderen Gleichgesinnten helfen. Das, was ich für mich reflektiert habe, kann eine Bereicherung für andere sein. Es muss nicht so sein, aber es besteht die Chance und ich möchte diese Möglichkeit ergreifen, auch wenn es vielleicht nur eine Hand voll Frauen sind, die mein Buch auf sich und ihr eigenes Leben wirken lassen. All die Unterstützung, die ich in den letzten Jahren seit der Trennung erfahren habe, möchte ich in Form eines Buches an andere zurückgeben.

So waren und sind meine Gedanken. Es ist die Intention meines Buches, das du jetzt in deinen Händen hältst.

Beim Schreiben wurde mir natürlich sehr schnell klar, dass ich sehr offen sein muss, wenn ich wahrhaftig und echt von meinen Prozessen schreiben will. Anders funktioniert es nicht, denn mein Weg war gespickt von verschiedensten Gefühlen, Erlebnissen und Handlungsschritten. So musste ich vieles sehr ehrlich aufgreifen, damit du es nachempfinden und dich so auch emotional angesprochen fühlen kannst. Meine Absicht ist es, durch meine Offenheit in diesem Buch eine Offenheit zu deinem Herzen, deinen Gefühlen, deinem Weg zu schaffen. Ich zeige mich in meinem Buch sehr verletzlich und hoffe, so auch diesen Teil bei dir hervorzuholen und nichts zu verdrängen. Hierüber findest du mehr und mehr zu dir und deiner Kraft, entdeckst wieder Seiten an dir, die dir helfen, deine nächsten Schritte zu gehen.

Ich möchte mit meiner Geschichte, meinen Worten in diesem Buch dazu beitragen, dass du dich wieder sicher und getragen fühlen kannst. Du befindest dich nicht am Ende deines Leben, auch wenn es zeitweise sehr düster erscheint. Vielleicht hast du nach dem Lesen meines Buches eine Ahnung, wie schön dein Leben, trotz deiner Geschichte, weiter gehen kann. Das Schöne ist, dass wir es alle in der Hand haben und nie vollständig machtlos den äußeren Umstän-den ausgesetzt sind.

Letzter Ausweg: Trennung

Unsere Trennung bahnte sich schon Monate vorher an. Sie war ein Prozess, der in einer sehr anstrengenden Phase unseres Lebens begann. Von außen lässt sich wahrscheinlich vermuten, dass der Stress der Hauptgrund war. Meine Sicht darauf ist jedoch eine andere. Er war der Auslöser. Der Grund jedoch, der von meiner Seite aus zur Trennung führte, war ein ganz anderer... .

Unser Sohn war noch sehr klein, als wir begannen, unser geplantes Eigenheim im Heimatdorf meines Ex-Mannes bauen zu lassen. Alle, die es bereits selbst erlebt haben, wissen, mit welchen Herausforderungen und Aufgaben ein solches Projekt einhergeht. So gab es in dieser Phase viel Stress in Form von Diskussionen, Terminen usw. Da unser Sohn noch sehr klein war, stand ich zusätzlich vor der Herausforderung, mich in meiner neuen Rolle als Mama zurechtzufinden. Alles in allem war es eine Zeit, in der wir uns als Paar aufgrund der Umstände aus den Augen verloren. Natürlich fiel mir das auf. Es fiel uns beiden auf. Mir war klar, dass nach dem Umzug die Chance bestand, dieses Thema anzugehen, was mir auch überaus wichtig war. Schon immer hatte ich den Wunsch, in einer eigenen Familie anzukommen.

Als der Umzug anstand, wurde dieser durch den ersten Corona-Lockdown extrem erschwert. Unsere Nerven lagen blank, die Uneinigkeiten häuften sich. Uns fehlte schlicht die Ruhe, die nötig gewesen wäre, um sich zu sammeln und sich auf einer friedvollen Ebene anzunähern. Als wir dann im neuen Haus ankamen, gab es natürlich noch immer viel zu tun. Auch für unseren Sohn waren der Umzug und die ständigen Konflikte eine intensive Belastung.

Als der Stress langsam weniger wurde, gab es kleine Momente der Annäherung zwischen meinem damaligen Ehemann und mir.

Leider waren diese im Vergleich zu den Diskussionen viel zu klein und zu selten.

Für mich waren mein Ex-Mann, unser Sohn und ich eine Familie. Eine Familie, die geprägt war von einer stark herausfordernden Zeit. Eine Zeit, die deutliche Spuren in jedem von uns hinterlassen hatte. Trotz dieser Spuren hatte ich noch den Glauben und Willen, dass wir es mithilfe professioneller Unterstützung schaffen würden, wieder zusammenzuwachsen und zur Ruhe zu kommen. Da eine professionelle Unterstützung in Form einer Beratungsstelle jedoch nur möglich ist, wenn beide sich dafür entscheiden, kam es nie dazu.

Meine Hoffnung einer glücklichen, gemeinsamen Zukunft wurde immer kleiner und kleiner, als, meinem Empfinden nach, die Ansichten und Meinungen meiner damaligen Schwiegerfamilie immer mehr Raum einnahmen und so das Bild von uns dreien als die Familie verschwamm. Die Kluft zwischen meinem Ex-Mann und mir wurde auf diese Weise immer größer. Ich fühlte mich mit meinen Gefühlen von dieser „Familienfront" völlig überrollt und empfand das Kundtun ihrer Meinung als unangemessen. Ich hatte keinerlei Einfluss und keinen Zugang mehr zu meinem damaligen Ehepartner.

Das Zusammensein mit unserem damals gerade zweijährigen Sohn fühlte sich nach Zuhause an, alles andere jedoch in keinster Weise. Ein Gefühl von Orientierungs- und Machtlosigkeit machte sich zunehmend in mir breit. Dies führte dazu, dass ich schließlich nicht mehr wusste, was ich denken und überhaupt noch fühlen sollte, um mein Leben wieder in eine gute Richtung zu lenken. Völlige Überforderung! Sehr, sehr oft tauchten die Worte: *„Ich kann nicht mehr!"* in mir auf.

In einem ruhigen Moment mit meinem Sohn erregte jedoch plötzlich ein Lied, das auf seiner Musikbox lief, meine Aufmerksamkeit, *„Ich schaff das schon"* von Rolf Zuckowski: *„Ich schaff das schon, ich schaff das schon! Ich schaff das ganz alleine! Ich komm bestimmt, ich* *komm bestimmt auch wieder auf die Beine! Ich brauch dazu, ich brauch dazu vielleicht ne Menge Kraft. Doch ich hab immerhin schon ganz was anderes geschafft.*"[1] Von diesem Moment an ersetzte ich innerlich das *„Ich kann nicht mehr!"* durch *„Ich schaff das schon!"* und erinnerte mich an all die Herausforderungen, die ich in meinem Leben bereits gemeistert hatte. Dieses Lied hat maßgeblich dazu beigetragen, mich aus meinem Loch herauszuziehen.

Außerdem erinnerte ich mich irgendwann, nach zahlreichen gescheiterten Versuchen, einen gemeinsamen Weg für uns drei zu finden, an einen Gedanken, der vor dem Umzug des Öfteren in mir hochgekommen war: *„Ein teures Haus ist für mich kein Hinderungsgrund für eine Trennung."*

Natürlich fällt eine Trennung mit neu gebautem Haus und kleinem Kind schwer. Die Augen der anderen sind auf einen gerichtet und scheinen zu sagen: *„Gerade erst in finanzielle Unkosten gestürzt und ein Kind bekommen, da trennt man sich nicht. Das ist leichtsinnig und verantwortungslos!"* Diese Gedanken tauchten mal laut, mal leise in mir auf.

Als sich in mir von Tag zu Tag mehr das Gefühl der Leere breit machte und ich in unserer Beziehung absolut keine Liebe mehr spürte, war mir irgendwann klar, dass ich so nicht weiter machen konnte. Schon immer war mir das Gefühl von Geborgenheit und Wärme wichtig gewesen. Nach all der Zeit des Stresses und der gescheiterten Versuche, wieder als kleine Familie zusammen zu finden, musste ich nun einen anderen Weg einschlagen. Ich musste mich und auch meinen Sohn aus dieser Situation heraus retten, da sein Wohlbefinden sehr eng an meines geknüpft war.

Es war hart, denn seit meinem Jugendalter war es mein größter Wunsch gewesen, eine eigene glückliche Familie zu haben. Trotz all der Blicke und gefühlten Verurteilungen durch unser Umfeld, musste ich nun die Trennung aussprechen und entsprechende Schritte gehen. Es gab niemanden, der mir das abnehmen könnte.

Ich musste eigenverantwortlich handeln und die Konsequenzen tragen. Konsequenzen, die ich zu dem Zeitpunkt in keinster Weise überblicken konnte. Es hat sich angefühlt, als schwirrten in Bezug auf meine Zukunft 1001 Fragen in meinem Kopf, auf die ich noch keine Antworten finden konnte: *„Wie wird mein Sohn die Trennung verarbeiten?“*, *„Schaffe ich das alles alleine?“*, *„Werden wir finanziell über die Runden kommen?“*

Trotz dieser vielen Fragen musste ich weiter gehen und darauf vertrauen, dass die Antworten zum gegebenen Zeitpunkt kommen würden. Glücklicherweise war die Stimme meines Herzens so klar und deutlich, dass ich mit der liebevollen Unterstützung einer Emotions-Coachin sowie einer lieben Freundin, die trotz großer räumlicher Distanz stets an meiner Seite war, diesen Richtungswechsel vornehmen konnte. Beide haben mich die ganze Zeit hindurch intensiv begleitet und oft aufgefangen, wenn ich in meinem Gefühlschaos keinerlei Orientierung finden konnte. Sie haben dazu beigetragen, dass ich mein Herz überhaupt hören konnte, wenn alles um mich herum eng, dunkel und aussichtlos erschien. Sie waren mein Halt.

Die Tatsache, dass ich in der Beziehung zu meinem damaligen Mann keinen Funken von Liebe mehr spüren konnte, war ausschlaggebend für meine Entscheidung der Trennung. Ich weiß, dass auch er damals überfordert war, doch hatte er, meinem Empfinden nach, eine falsche Richtung gewählt, indem er sich nicht mit mir gemeinsam diesem Thema gestellt hat, sondern mit Menschen, die keinen Blick für uns hatten. Es mag für den ein oder anderen zu einfach klingen, aber für mich war das der Antrieb, der mich dazu bewog, in eine andere Zukunft zu blicken. Dieser Antrieb half mir, die Meinung von außen leiser werden zu lassen und teilweise sogar auszublenden. Es ist mein Leben und ich möchte es wahrhaftig leben.

Liebe ist der ausschlaggebende Faktor überhaupt für mich.

Als ich die Trennung, für meinem Mann überraschend, jedoch aus Selbstrespekt mir gegenüber formulierte, war es für uns beide wohl noch recht unwirklich.

Zwischendurch erlebte ich auch immer wieder einen Zustand der Unsicherheit bezüglich meiner Entscheidung. Ich denke, dass es wohl mit meiner Angst vor dem Prozess des Loslassens zu tun hatte und damit, eine noch völlig unklare Zukunft vor mir zu haben. Wirklich intensiv gezweifelt habe ich an meiner Entscheidung jedoch nie, denn dafür hatte ich zuvor zu viel gekämpft und keinen Versuch der Rettung ausgelassen. Ich habe es letztendlich so empfunden, dass ich alleine gegen seine Familie nicht ankam. So musste ich für mich und meinen Sohn einstehen, damit unser Leben einen neuen Anfang nehmen konnte.

Tschüss Komfortzone – Vom Mut neue Wege zu gehen

Nachdem ich die Trennung ausgesprochen hatte, war nach gewisser Zeit klar, dass ich Unterstützung bezüglich aller finanzieller Angelegenheiten benötigen würde. Zum einen bin ich alles andere als eine Zahlen-Heldin und zum anderen hatten wir vor der Ehe, die 2 1/2 Monate vor der Geburt unseres Sohnes stattfand, einen Ehevertrag abgeschlossen.

Der Prozess zum fertigen Ehevertrag war steinig und konfliktgeladen gewesen. Hier hatte ich eine Seite bei meinem damaligen Ehemann kennengelernt, die ich so bisher nicht erlebt und die mich ziemlich irritiert zurückgelassen hatte. Diese prägende Erfahrung war einer der Gründe, nach der Trennung einen Anwalt zu nehmen. Da mein Ex-Mann beruflich durch und durch Geschäftsmann ist und ich eben keine große Affinität zu Zahlen habe, wir aber zusammen ein Haus gebaut hatten und dies klar und fair geregelt werden musste, war ein Anwalt als Unterstützung unabdingbar.

Die Tatsache, dass es klar war, dass ich mich nach einem Anwalt umschauen musste, heißt nicht, dass mir dieser Schritt leichtgefallen ist. Vielmehr hat er mir viel abverlangt und so manche Ängste laut werden lassen. Schon beim Gedanken daran kam ich mir böse und kaltherzig vor. Es hat mich auch traurig gemacht, dass jegliche Vertrauensbasis zwischen meinem früheren Ehemann und mir verschwunden war. Das Geld stand im Mittelpunkt, dort, wo einst die Liebe gewesen war.

Geholfen haben mir bei diesem Schritt, aktiv einen Anwalt aufzusuchen, meine Emotions-Coachin, wie auch eine damalige Freundin. Letztere hatte beruflich mit Anwälten zu tun und sprach mir gegenüber zwei Empfehlungen aus. Ich weiß noch genau, wie sie sagte, dass der eine Anwalt eine etwas persönlichere und zugewandtere Art hätte, der andere jedoch fachlich extrem gut sei.

Da das gemeinsame Wohnen in unserem Haus nach all den Konflikten eine heftige Stresssituation war, war ich sehr emotional und überlegte deshalb etwas länger, welchen der beiden Anwälte ich nun anrufen sollte. Wenn der eine zugewandter war, dann würde mir das in der unsicheren Situation mehr als entgegenkommen. Trotz dieser Überlegungen entschied ich mich für den Anwalt, den meine Freundin als fachlich überaus kompetent beschrieben hatte. Mir wurde klar, dass ich Freunde und die Emotions-Coachin hatte, die mich emotional auffangen würden. Bei den finanziellen Themen brauchte ich jemanden mit viel Know-How und Erfahrung, denn hinter meinem Ehemann stand beruflich eine Firma, die seiner Herkunftsfamilie gehörte. Da musste ich gut aufgestellt sein, ich hatte ja schließlich keine genaue Ahnung, was auf mich zukommen würde. Ganz nach dem Motto: *„Sicher ist sicher!"*

An den Tag, an dem ich in der Kanzlei des besagten Anwalts anrief, erinnere ich mich noch gut. Das Wählen der Nummer hat mich viel Überwindung gekostet, mein Herz schlug mir bis zum Hals. Zu gerne hätte ich diesen Schritt, raus aus meiner Komfortzone, vermieden. Mir war auch gar nicht klar, was ich genau sagen sollte, weil es sich absolut nicht nach mir anfühlte, einen Anwalt in Sachen Familienrecht anzurufen. Wollte ich das wirklich? Brauchte ich es wirklich?

Würden mein damaliger Ehemann und ich nicht doch untereinander einen einvernehmlichen Weg bezüglich der Finanzen finden? Eigentlich müsste das doch machbar sein, denn schließlich hatten wir ein gemeinsames Kind, das uns noch immer verband. Und wie viel würde mich der Anwalt überhaupt kosten?

Fragen über Fragen rauschten durch meinen Kopf, hielten mich letztendlich aber nicht davon ab, den Anruf bei der Kanzlei zu tätigen. Ausschlaggebend war wahrscheinlich die Klarheit, dass ich finanziell fair behandelt werden wollte, um mir und meinem Sohn eine neue Zukunft aufbauen zu können. Zu dem Zeitpunkt war ich auch noch in Elternzeit und hatte entsprechend noch kein Einkommen. Außerdem wusste ich: Ich wollte meinen Sohn nicht für 45 Stunden in die Kita geben müssen und selbst Vollzeit arbeiten gehen, um dann am Ende des Tages erschöpft ins Bett zu fallen und keinerlei Zeit für ihn gehabt zu haben. Ich liebe Kinder und natürlich erst recht mein eigenes. Es kam für mich absolut nicht in Frage, meinen Sohn ganztags betreuen zu lassen und so nur ein Wochenend-Familienleben zu führen.

Mir ist bewusst, dass viele für sich diesen Weg aus finanziellen Gründen wählen und ich möchte diese mit meinen Worten auch in keinster Weise bewerten. Ich beziehe mich hier alleine auf mich und meine Vorstellungen von einem erfüllten Leben. Dieses umfasst viel Zeit mit meinem Sohn sowie Freiraum, meine Nachmittage selbst gestalten zu können.

Diese Vision hat mich motiviert, mich für den erwähnten Anwalt und seine Arbeit zu entscheiden. Und was soll ich euch sagen? Diese Entscheidung war goldrichtig, auch wenn sie viele Ängste hatte aufkommen lassen. Meine Ängste haben mir deutlich gezeigt, dass es ein neuer Weg ist, auf dem ich keine Erfahrungen habe und über den ich zuvor nie nachdenken musste. Die Ängste haben mir jedoch nicht gesagt, dass der Weg falsch ist. Er war einfach fremd und ungewohnt.

Selbst bei der ersten Fahrt zum Anwalt war mir extrem unwohl. Mir war schlicht und einfach schlecht, ich wollte nicht und habe es trotzdem auf mich genommen. Ursprünglich war aufgrund meiner Angst und Nervosität geplant, dass eine Freundin mich begleiten würde, und zwar genau die, die mir vorher den Anwalt empfohlen hatte und sich somit mit solchen Erstgesprächen bestens auskannte. Diese hatte jedoch kurz davor aus persönlichen Gründen abgesagt. Dies bewirkte verständlicherweise, dass meine Nervosität ins Unermessliche stieg.

Zum Glück habe ich weitergemacht, weil ich wusste, dass ich es irgendwie schaffen würde. Nach dem Erstgespräch bekam ich die Belohnung: Es war ein beruhigendes Gefühl, zukünftig jemanden an meiner Seite zu haben, der rechtlich absolut zu mir steht und mich dabei unterstützt, dass finanziell und menschlich alles gerecht abgewickelt wird.

Meine Gedanken für dich

Um diesen intensiven Abschnitt während meiner Trennung zu untermauern, möchte ich abschließend ein sehr kraftvolles Zitat aus dem Online-Kurs „Skywalker" von Bahar Yilmaz und Jeffrey Kastenmüller[2] anbringen:

> *„Ich bin sicher,*
> *weil ich immer sicher darin bin,*
> *einen Weg zu finden."*

Lass dich von Unsicherheit somit nicht unterkriegen und vertraue darauf, dass es einen Weg aus ihr heraus gibt. Die Sicherheit, die du benötigst, findest du in dir selbst und im Austausch mit Menschen, die dich wirklich unterstützen.

Gefühlschaos und der Sprung ins Unbekannte

Die Erinnerung an den Tag, an dem mein Sohn und ich unser neu gebautes Familienhaus verließen, bereitet mir noch immer ein flaues Gefühl in meiner Magengegend. Mit ihr kommt ein Stück Restschmerz hoch. Schmerz, der mich darauf hinweist, dass ich diejenige war, die entschieden hat, getrennte Wege zu gehen. Damals hatte ich auch noch lange mit Schuldgefühlen zu kämpfen, weil ich mich fühlte, als würde ich durch unsere Trennung meinem damaligen Ehemann seinen Sohn wegnehmen. Da ich ein sehr emphatischer Mensch bin, habe ich den Verlust auf Seiten meines Ex-Mannes intensiv wahrgenommen und mitgefühlt. Am besten wäre es gewesen ich hätte mich emotional abgegrenzt. Das weiß mein Kopf, aber für mein Herz war das schier unmöglich. Die vorangegangene Zeit hatte mich emotional sehr dünnhäutig gemacht, so dass mir die Trauer meines Ex-Mannes quasi wie eine große Welle entgegen schwappte und ich keine Chance hatte, sie aufzuhalten. Sie erfasste mich mal mehr, mal weniger, aber sie verschonte mich nie.

In Kombination mit meiner eigenen Trauer über den Verlust meiner immer erträumten Familie, war das natürlich heftig. Am schwierigsten war es wohl auch, dieser Trauer Raum zu geben. Das gelang mir anfangs so gut wie gar nicht, da ich funktionieren musste, denn für unser „neues Leben", allein mit meinem Sohn, gab es viel zu organisieren und erledigen. Abends, wenn mein Sohn schlief, war ich so müde, dass ich direkt mit einschlief. Die Trauer musste somit warten, bis ich wieder einigermaßen Energie hatte. Es fühlte sich an als würde sie wie nichts verpuffen, weil sich unser Leben erst noch neu sortieren und wieder einpendeln musste.

Als wir uns von meinem damaligen Ehemann und unserem Haus verabschiedeten, hatten wir gerade mal fünf Monate dort gelebt.

Fünf Monate voller Hoffnungen, jedoch mit noch mehr Konflikten, Tränen und Unsicherheiten.

Mit dem Abschied zogen unser Sohn und ich vorübergehend in eine Ferienwohnung in meiner Heimatstadt. Ja, in eine Ferienwohnung. Daran hatte ich gedanklich lange hatte gewöhnen müssen. Eine Trennung ist unter den gegebenen Umständen schon schlimm, aber dann auch noch in eine Ferienwohnung ziehen... . Was sollen denn die Leute denken?

Eigentlich war meine Vorstellung gewesen, nach dem Abschied direkt in eine tolle Wohnung in meine Heimatstadt zu ziehen und dort neu anzufangen. Als sich dies jedoch als schwierig herausstellte und das Zusammenleben unter den gegebenen Bedingungen immer anspruchsvoller wurde, musste Plan B her. Meine Emotions-Coachin, die mich damals vor und in der Trennungsphase intensiv begleitete, war es, die mich auf die Idee mit der Ferienwohnung brachte.

Da ich mich damals sehr ausgelaugt und kraftlos fühlte, konnte ich mir zunächst nicht vorstellen, auf unbestimmte Zeit in eine Ferienwohnung zu ziehen, um mich danach erneut auf ein Zuhause einzustellen. Das klang für mich nach „zu viel", denn ich sehnte mich nach nichts mehr, als einem eigenen Zuhause und der Möglichkeit, mich endlich fallen lassen zu können. Also schob ich diesen Plan B sehr weit von mir weg und hielt ihn für absolut absurd. Doch als ich merkte, dass ich mir keine neue Wohnung herbeizaubern konnte, zog ich die Idee mit der Ferienwohnung mehr und mehr in Betracht. Die psychische Dauerbelastung durch das gemeinsame Leben in unserem Haus nahm stetig zu und der Druck, der dabei entstand, brachte mich zum Umdenken. So begann ich mich auf diese neue Perspektive einzulassen und mich nach Ferienwohnungen in meiner Heimatstadt zu erkundigen. Als ich hier nicht weiterkam, bat ich meine Eltern, sich ebenfalls umzuhören. Nach einiger Zeit hatten sie eine Wohnung gefunden, die wir glücklicherweise bis auf unbestimmte Zeit bewohnen durften.

Unsere neue Unterkunft war auf einem Bauernhof und somit ländlich gelegen. Die Umgebung und der Abstand zu unserem vorherigen Wohnsitz lösten direkt ein befreiendes Gefühl aus. Endlich war tiefes Durchatmen wieder möglich für mich. Nach Enge und Angst machten sich Weite und eine Ahnung von Frieden in mir breit.

Während der Zeit in der Ferienwohnung hatte mein Sohn, der damals 2 1/2 Jahre alt war, draußen allen Platz der Welt, um zu spielen und sich auszutoben. Da die Besitzer der Ferienwohnung auch einen Traktor besaßen, kam mein Sohn außerdem des Öfteren in den Genuss, auf diesem mitfahren zu dürfen. Es hat mich zutiefst berührt, zu beobachten, wie viel Freude ihm das bereitete. Das waren die Momente, die mich wieder mit Energie und Lebensfreude erfüllten. Zudem wurden wir über Gespräche und liebevolle Gesten der Vermieter mit viel Herzlichkeit beschenkt.

So genossen wir das entspannte Landleben und entdeckten dort auch mein Lieblingswaldgebiet, zu dem ich heute noch regelmäßig fahre. Ich sage mir dann immer, dass ich ein Date mit meinem Zuhause habe, denn dieser Wald hat für mich ganz viel von Entspannung, Ruhe und Heilung. Er erinnert mich noch heute an die damalige intensive Zeit und es schwingt dort immer dieses *„Alles ist möglich, wenn du bereit bist, umzudenken und andere Wege zu gehen."* mit. Magie pur für mich! Auch jetzt, wenn ich darüber schreibe, spüre ich beim Gedanken daran großes Glück und Dankbarkeit.

Rückblickend sehe ich, dass dieser außergewöhnliche Zwischenstopp, den ich erst gar nicht als Möglichkeit zulassen wollte, das Beste war, was meinem Sohn und mir passieren konnte. Es kehrte nach und nach Ruhe ein und ich hatte auf diese Weise die Möglichkeit mich neu zu orientieren.

Ein wichtiger Punkt, den ich hier unbedingt noch zum Thema „Abschied" anbringen möchte ist, dass er mit vielen Tränen verbunden war. Tränen, die in der stressigen Zeit erst keine Chance hatten, zu fließen, doch die immer dann liefen, wenn ich zur Ruhe kam und somit vermehrt in unserer Übergangszeit in der Ferienwohnung. Sie waren eng damit verbunden, dass ich das loslassen musste, was ich mir seit Jahrzehnten sehnlichst gewünscht hatte – eine eigene Familie. Leider war es jedoch keine Familie gewesen, in der wir als Eltern und Ehepaar die gleichen Werte gelebt hatten. So herrschte für mich nicht das Gefühl, das für mich „Familie" ausmacht.

Die Tränen waren sehr heilsam und wichtig. Auch mein Sohn hat diese bei mir erlebt, weil es mir wichtig war, vorzuleben, dass auch Tränen zur Gefühlspalette gehören und ihren Stellenwert haben. Hier finde ich den Satz von Dr. Edith Eger aus dem Buch „Das Geschenk –14 Lektionen für ein besseres Leben" sehr treffend: *„Man kann nicht heilen, was man nicht fühlt. Es ist enorm wichtig, allen aufkommenden Gefühlen ihren Raum zu geben und sie zuzulassen. Sie gehören zum Heilungsprozess und haben ihre Berechtigung."*[3]

Irgendwann habe ich dann angefangen umzudenken und meinen Sohn und mich als Familie zu sehen. Eine Familie, in der sich die Familienmitglieder auf Augenhöhe begegnen und die geprägt ist von tiefer Liebe. Diesen Blickwinkel einzunehmen, empfinde ich für mich als große Bereicherung. Dadurch schließt sich eine Lücke, die ich vorher nicht zu füllen wusste. Quasi ein Abschied vom herkömmlichen Familienbild hin zu unserem eigenen Bild von Familie. Manchmal engleitet mir diese Sichtweise zwar, doch dann gibt es glücklicherweise liebe Menschen, die mich wieder daran erinnern.

Meine Gedanken für dich

So möchte ich an dieser Stelle dieser Mensch für dich sein, der dich dazu ermutigt umzudenken und dich und deine Kinder mit all der Liebe, die ihr euch in eurem Leben gebt, als vollständige Familie zu sehen. Euch fehlt nichts, weil ihr Liebe lebt und füreinander da seid. Ihr seid eine Familie! Kannst du es fühlen?

Phase 2

Auch ein riesiger Berg kann in kleinen Schritten erklommen werden.

Weitermachen, vertrauen, Hilfe annehmen und das eigene Wohl im Blick halten.

Das Geschenk meiner Intuition

Während der Zeit zu dritt in unserem gemeinsamen Haus hatte ich mich nie geborgen und sicher gefühlt. Gründe hierfür waren zum einen die ständigen Konflikte zwischen meinem damaligen Ehemann und mir sowie die räumliche Nähe und Präsenz der Schwiegereltern. Nach meinem Gefühl arbeiteten sie eher gegen mich, anstatt dass sie mich ehrlich als Teil der Familie ansahen. Teil der Familie zu sein bedeutet in meinen Augen, dass oberstes Ziel ist, bei Konflikten einen Weg zu finden, der die Bedürfnisse, Wünsche und Werte aller Beteiligten in gleichem Maß berücksichtigt. Leider habe ich dies so nicht erlebt, so dass ich mich oft als absolute Einzelkämpferin gefühlt habe. So waren die Gefühle von Alleinsein, Kälte und unterschwelliger Ignoranz meine täglichen Begleiter. Was mir damals die nötige Kraft gegeben hat, waren die intensive Zeit mit meinem kleinen Sohn, meine Freunde, der Austausch mit meiner Emotions-Coachin sowie Zeit in der Natur.

Da ich in dieser Phase meines Lebens somit keinen Ort hatte, an dem ich mich vollständig fallen lassen konnte und wohl fühlte, war es mir umso wichtiger, zukünftig eine Wohnung zu finden, die all das wieder zuließ. Eine Wohnung, die stumm, jedoch deutlich zu mir und meinem Sohn sprach: *„Hallo, schön, dass ihr da seid! Ihr seid hier herzlich willkommen mit all dem, was ihr mitbringt und wer ihr seid. Fühlt euch hier rundherum wohl und geborgen. Ich möchte euer Nest sein und all das bieten, was euch in den letzten Monaten gefehlt hat!"*

Mit dem Wunsch und der klaren Vorstellung einer solchen Wohnung, begab ich mich auf Wohnungssuche. Diese blieb jedoch zunächst erfolglos. Das machte verständlicherweise emotional etwas mit mir. Die Absagen verwässerten meine klaren Vorstellungen von meiner Wohlfühlwohnung, so dass ich begann zu glauben, kleiner und anspruchsloser denken zu müssen, ganz nach dem Motto, dass ich froh sein konnte, irgendwann überhaupt eine Wohnung angeboten zu bekommen.

Es ergab sich dann, als wir gerade in der Ferienwohnung eingezogen waren, dass ich die Chance erhielt, eine Wohnung zu besichtigen. Als ich auf meine Bewerbung hin einen Rückruf erhielt, war meine Freude riesengroß. Endlich bekam ich die Möglichkeit, mir trotz des Status der alleinerziehenden Mama, eine Wohnung anzuschauen und einen persönlichen Eindruck zu hinterlassen! Beim Vereinbaren eines Besichtigungstermins erwies es sich als Vorteil, dass der Vermieter meinen Vater namentlich kannte. Dies weckte bei ihm wohl das Gefühl von Vertrauenswürdigkeit.

Der erste Eindruck der Wohnung war gut, Miete und Lage passten. Allerdings war ich wohl stark an den Glauben gebunden, welch Geschenk es überhaupt war, die Chance auf eine Wohnung zu erhalten. Es setzte sich der Gedanke fest, dass ich diese annehmen müsste, mit dem Wissen, dass unklar sei, ob ich überhaupt wieder ein solches Angebot erhielte. Ich wählte vermeintliche Sicherheit vor erneuter Unsicherheit.

Als ich nach der Besichtigung gesagt bekam, dass ich bei Interesse eine Wohnungszusage erhalten würde, war es die Chance für mich, endlich eine Perspektive für die Zukunft meines Sohnes und mich zu haben. Ich nahm die angebotene Bedenkzeit zwar in Anspruch, nutze sie jedoch nicht, um wirklich ehrlich zu hinterfragen, ob die Wohnung meinen Wünschen und Vorstellungen entsprach. Meine Gedanken waren klar: Du MUSST die Wohnung nehmen. Wer weiß, ob du diese Chance in der nächsten Zeit überhaupt wieder bekommst! Die Ferienwohnung ist doch keine Dauerlösung. Alleinerziehende bekommen selten Wohnungszusagen. Dies ist dein Sechser im Lotto. Geleitet von dieser Sorge rief ich den Vermieter an und gab ihm meine mündliche Zusage. Wenige Tage später saß ich bei ihm zu Hause und unterschrieb den Mietvertrag. Als vertraglich alles festgehalten worden war, vereinbarte ich mit dem damaligen Mieter einen zweiten Besichtigungstermin, bei dem er mir zeigen wollte, welche Möbelstücke er an mich verkaufen würde. Es war früher Abend und ich freute mich sehr, die Wohnung, mit der Sicherheit dort zum Jahreswechsel einziehen zu dürfen, erneut zu betreten. Ich schaute mir alles genau an, überlegte, was von meinem Inventar ich wohin stellen wollte, ließ mir einiges vom derzeitigen Mieter erklären. Als ich danach nach Hause fuhr, spürte ich jedoch ein ungutes Gefühl, das ich mir in dem Moment allerdings nicht genau erklären konnte. Ich schob das Gefühle beiseite, versuchte es zu ignorieren. Warum sollte ich mich schließlich schlecht fühlen, wenn unser neues Zuhause immer realer und greifbarer wurde?

Gekonnt unterdrückte ich die Emotionen, doch nachts wurde das Gefühl übermächtig: Die Wohnung entsprach ganz und gar nicht meinen Vorstellungen von unserem neuen Zuhause! Meine Intuition sprach etwas anderes als mein Kopf. Meine Gedanken hatten mein Gespür dafür, dass etwas nicht stimmte, übertönt. Als mir dies nach einer schlaflosen Nacht klar wurde, stellte ich mich der Tatsache, dass die Wohnung alles andere als „passend" für uns war. Ich spürte deutlich, dass ich nicht drum herumkam, mich meiner Wahrheit und den sich daraus ergebenden Konsequenzen zu stellen. Ich telefonierte mit meiner Schwester, sprach all meine Bedenken aus und ebenso mein Vorhaben, zu versuchen, den Mietvertrag aufzulösen. Hierbei zeigte sich, dass ich große Angst hatte, das Gespräch mit dem Vermieter zu führen. Was würde er von mir denken und was würden all die Menschen in meinem Leben von meinem Verhalten halten? Wie leichtsinnig ich doch war!

Egal, ich musste diese Gedanken und Ängste überwinden, für uns einstehen und den Anruf tätigen. Nichts war mir in diesem Moment klarer als das. Ich musste meiner Intuition folgen. Ich rief den Vermieter an. Ich war sehr ehrlich zu ihm und erklärte ihm, was in mir bezüglich der Wohnung vorging. Mein Herz schlug dabei wie wild. Zu meiner Erleichterung reagierte er mit vollstem Verständnis und es gab für mich keinerlei Probleme, vertraglich zurückzutreten. Das Gefühl der Erleichterung war immens.

Nun hatte ich für meinen Sohn und mich zwar keine Wohnung in Aussicht, war aber dankbar dafür, ehrlich zu mir gewesen zu sein. Dass es genau richtig war, was ich getan hatte, zeigte mir, meinem Empfinden nach, was danach geschah. Es war wie eine Art Belohnung für mich, dass sich in der nächsten Zeit weitere Wohnungen für uns zeigten. Die Angst, nie mehr die Chance auf eine feste Wohnung für uns zu erhalten, bewahrheitete sich nicht.

Schließlich erhielt ich wie aus dem Nichts einen Anruf. Dieser Anruf veränderte alles und zeigte mir noch mehr, wie gut es gewesen war, dass ich meiner Intuition beim Absagen der ersten Wohnung gefolgt war. Mein Vater war am anderen Ende der Leitung und sagte mir, dass eine seiner Eigentumswohnungen wegen plötzlicher Kündigung der Mieter frei werden würde. Ich konnte kaum glauben, was er sagte, denn es kam überaus überraschend, zumal ich meinte, bereits eine Wohnung gefunden zu haben und dort auch einen Mietvertrag unterschrieben hatte. Doch anstatt mich zu ärgern, sah ich meine Chance. Die Erdgeschosswohnung, von der mein Vater sprach, war die, über der ich vor dem Umzug in unser Haus fünfzehn Jahre lang gelebt hatte. Dieses Zweifamilienhaus schrie also absolut nach „Zuhause" für mich. Ich nahm Kontakt auf zu der Vermieterin, bei der ich den Vertrag für die aktuelle Wohnung unterschrieben hatte, erklärte ihr alles und da sie die Umstände gut nachvollziehen konnte, war es zum Glück kein Problem, hier erneut vertraglich zurückzutreten. Auf diese Weise zogen mein Sohn und ich nach fünf Monaten in der Ferienwohnung in unser neues Zuhause. Ein Zuhause, das voll und ganz meinen Vorstellungen und Wünschen entsprach. Meine Traumwohnung, die mir viel Halt und Wärme bietet und mein sicherer Rückzugsort ist.

Meine Gedanken für dich

Diese Erfahrungen bei der Wohnungssuche haben mir so eindrücklich den Wert meiner Intuition gezeigt. Indem ich ihr gefolgt bin und dem, was mir wichtig ist, treu geblieben bin, wurde der Traum unseres eigenen Nests Wirklichkeit. Ich habe gelernt, dass ich mir und dem Leben vertrauen darf!

So wünsche ich auch dir, dass du dir und deinen Gefühlen, deiner inneren Stimme Raum gibst. Höre ihr zu und folge ihr, auch wenn dich die entsprechenden Handlungen aus deiner Komfortzone holen. Glaube an dich und lass dich ins Vertrauen fallen!

Klarheit bringt Ruhe in den Umgang

Nach der Trennung stellte sich natürlich die Frage, wie wir den Umgang mit unserem Kind regeln würden. Für mich war sehr schnell klar, dass ich mit meinem Sohn so bald wie möglich in meine Heimatstadt zurückziehen würde. Da damit eine Entfernung von etwa 25 Kilometern zwischen dem Wohnsitz meines Ex-Mannes und unserem Wohnsitz besteht, lag es auf der Hand, dass das Wechselmodell, bei dem das Kind wöchentlich zwischen den beiden Elternteilen pendelt, nicht infrage kam. Zudem ist unser Sohn jemand, der klare Strukturen braucht und mit Veränderungen nur schwer umgehen kann. Daher entschieden wir uns für das Residenzmodell, bei dem unser Sohn die meiste Zeit bei mir verbringt und alle zwei Wochenenden zu seinem Vater geht. Wir haben uns nie gemeinsam an einen Tisch gesetzt, um dies in Ruhe zu besprechen, weil das im Rahmen der Trennung nicht wirklich möglich war. Für mich war klar, dass unser Sohn seinen Hauptwohnsitz bei mir haben würde, weil ich für ihn von Anfang an die Hauptbezugsperson gewesen war. Ich hatte drei Jahre Elternzeit genommen und mein damaliger Ehemann ist zudem bis heute beruflich viel und häufig auch unplanbar unterwegs. Zugleich bin ich der Meinung, dass jedes Umgangsmodell seine Berechtigung hat, da Lebensstile und Menschen unterschiedlich sind. So empfinde ich es als überaus wichtig, sensibel hinzuschauen, welches Modell im Gesamtkontext der jeweils Beteiligten die meisten Vorteile bietet.

Nach der räumlichen Trennung haben wir unseren Sohn, der damals 2 1/2 Jahre war, schrittweise an die Trennung von mir gewöhnt, so dass er anfangs an den Wochenenden nur einen Tag oder zwei bei seinem Vater verbrachte. Zudem habe ich meinem Ex-Mann freigestellt, ihn zu besuchen, wenn es zeitlich bei uns passte. Auf diese Weise war es für unseren Sohn kein allzu harter Schnitt, vielmehr ein sanfter Übergang in ein anderes Familienleben.

Nach wenigen Monaten, zu Beginn des Starts in den Kindergarten, wurde der Umgang regelmäßig. Unser Sohn war dann jedes zweite Wochenende ab Freitagmittag bzw. -nachmittag bis zum Sonntagabend bei seinem Vater. Irgendwann entwickelte es sich auf Wunsch meines Ex-Mannes so, dass er unseren Sohn an jedem zweiten Montagnachmittag, nach dem Wochenende bei mir, abholt und Zeit mit ihm verbringt.

Für mich war und ist immer das Wohl unseres Sohnes der Maßstab für den Umgang. Hier ist aus meiner Sicht Klarheit, Beständigkeit und auch Transparenz meinem Sohn gegenüber wichtig.

Bezogen auf die Ferien und Feiertage verbringt er seine Zeit jeweils zur Hälfte bei mir und bei seinem Vater. Der Aufenthaltsort an den Feiertagen wird nach Möglichkeit jährlich gewechselt. Um möglichst wenig Raum für Diskussionen zu schaffen, erstelle ich gegen Ende jeden Jahres eine Jahresübersicht, in der deutlich erkennbar ist, an welchen Tagen mein Sohn bei seinem Vater ist. So kann jeder von uns seine Termine planen, wobei natürlich die Möglichkeit besteht, die Wochenenden zu tauschen. Das Erstellens einer Jahresübersicht hat sich für mich bewährt, weil es bisher nicht möglich war, mit meinem Ex-Mann diese Absprachen auf Augenhöhe zu treffen. Meinem Empfinden nach wurde vieles zu offen gehalten. Damit kam ich in unserem Alltag nicht gut zurecht. Durch den Jahresplan hat sich das verbessert.

Kleine Veränderungen bei der Übergabe bringen große Wirkung

Da mein Sohn sich bisher eigentlich immer auf die Zeit mit seinem Papa gefreut hat, stellt die Übergabe von mir zu seinem Vater meist keine große Herausforderung für ihn dar. Teilweise ist es jedoch so, dass es schwer für ihn ist, den Übergang am Sonntagabend zu mir zu meistern. Häufig ist er dann müde und wird sehr emotional. Hier ist von meiner Seite aus sehr viel Fingerspitzengefühl gefragt.

Da die Emotionen seinerseits dazu führen, dass die Verabschiedungssituation mit seinem Vater in die Länge gezogen und dadurch der Übergang schwieriger für meinen Sohn wird, habe ich mich gefragt: *„Was kann ich verändern, um meinem Sohn den Übergang so leicht wie möglich zu machen?"* Bisher war mein Sohn mit seinem Vater immer gemeinsam in den Hausflur unserer Wohnung gekommen. Hier fand dann die Verabschiedung statt.

Heute gestalte ich diese Verabschiedungssituation anders, indem ich ihn bereits an der Haustür und nicht erst an der Wohnungstür in Empfang nehme. Klar ist, dass die Verabschiedung von seinem Vater wichtig ist und einen großen Stellenwert hat, noch wichtiger ist jedoch, ihn bei diesem ohnehin herausfordernden Übergang so gut wie möglich zu unterstützen. Durch die Übergabe meines Sohnes an der Haustür ist nun alles um einiges entspannter geworden. Die Verabschiedung bekommt ihren Raum, gestaltet sich jetzt jedoch viel klarer und kürzer, so dass mein Sohn emotional bei weitem nicht mehr so tief fällt. Offenbart er mir dann in unserer Wohnung, dass er seinen Vater vermisst, biete ich ihm meinen Arm und Schoß und bringe ihm viel Verständnis und Einfühlungsvermögen entgegen. Auf diese Weise gelingt der Übergang für ihn inzwischen viel besser. Dies zeigt mir, dass eine kleine Veränderung der Abläufe einen großen Unterschied machen und eine immense Wirkung auf unsere Gefühle haben kann. Es ist vollkommen unnötig, etwas schwieriger zu machen, als es ohnehin bereits ist.

Zwei Welten

Ich habe mich schon sehr oft gefragt, wie es wohl für meinen Sohn sein muss, in zwei Haushalten zu leben. Seinen Alltag und die meiste Zeit über lebt er zwar war bei mir, doch alle zwei Wochenenden verändert sich vieles für ihn, wenn er bei seinem Vater in einer völlig anderen Umgebung ist. Da mein Ex-Mann und ich sehr unterschiedlich sind, was Tagesabläufe, Werte, Regeln und Moralvorstellungen betrifft, stelle ich es mir für meinen Sohn vor, als würde er in zwei völlig anderen Welten leben. Dass das auch tatsächlich so ist, erlebe ich intensiv, wenn er nach seinem Papa-Wochenende zu mir zurückkehrt.

Dann ist es einerseits so, dass er einige Zeit braucht, um sich wieder
auf sein Leben bei mir umzustellen und ebenso erwähnt er im
Laufe der folgenden Tage, wie aus dem Nichts Dinge, die ihn beschäftigen. Häufig geht es dann darum, dass er Unterschiede zwischen seinem Vater und mir feststellt. Er erlebt, dass wir anders
mit Situationen umgehen und dies macht etwas mit ihm. Das ist
sehr deutlich zu spüren. Er spricht das, was er erlebt hat, dann an
und ich sage ihm, dass sein Papa und ich verschieden sind und dass
wir es beide so machen, wie wir es jeweils für richtig empfinden.
Zudem, dass er für sich entscheiden kann, was sich für ihn gut anfühlt. Außerdem wird er bei mir so groß, dass ich ihm meine Werte
vorlebe und ihm Transparenz biete, indem ich ihm kindgerecht
erkläre, warum mir dieses oder jenes Verhalten wichtig ist.

Mein Sohn hat hier bezüglich der Diskrepanzen zwischen meinem
Ex-Mann und mir oft ein großes Mitteilungsbedürfnis. Hierüber
bin ich sehr froh, weil er auf diese Weise nach außen trägt, was ihn
im Inneren stark beschäftigt und er mir das Vertrauen schenkt,
dass ich ihm bei der Klärung unterstürzen kann.

Besonders am Anfang, als er altersbedingt noch nicht in der Lage
war, mir verbal mitzuteilen, wie er es erlebt, von einer Welt in
die andere zu wechseln und ich es zugleich an seinem unruhigen
Verhalten bemerkte, war es für mich schwer anzunehmen, dass er
vor solch eine riesige Herausforderung gestellt wird. Ich hatte viele
Schuldgefühle, weil ich dachte, dass ich es ja schließlich war, die
ihn durch die Trennung immer und immer wieder vor diese Mammutaufgabe stellte. Es tat mir jedes Mal im Herzen weh, ihn nach
dem Wechsel so aufgewühlt zu erleben und darauf keinen Einfluss
zu haben. Ihn dann liebevoll zu begleiten und viel Verständnis
entgegen zu bringen, hat sehr geholfen.

Zudem habe ich nach einiger Zeit, dank meiner Emotions-Coachin sowie einer lieben Freundin, aufgehört, dagegen anzukämpfen, denn schließlich kann ich nichts daran ändern, wie es nun mal ist. Aus diesem Grund wieder mit meinem Ex-Mann zusammenzuleben, ist schließlich keine Option, denn ich will meinem Sohn eine gesunde Beziehung vorleben. So wandelte ich den belastenden Gedanken zum Positiven, indem ich erkannte, dass es für meinen Sohn auch eine Bereicherung sein kann, zwei Lebenswelten zu erleben. Auf diese Weise verinnerlicht er die Tatsache, dass das Leben sehr individuell gestaltet werden kann. Es gibt Wahlmöglichkeiten und er kann anhand seiner Gefühle und seiner Intuition entscheiden, welche Wege er für sich heute und in Zukunft gehen möchte.

Jetzt, da mein Sohn sich mit seinen sechs Jahren sehr gut mitteilen kann, ist es für mich leichter, ihn nach einem Wechsel der Haushalte mit seinen Gedanken und Gefühlen aufzufangen. Trotzdem bin ich ehrlich und möchte an dieser Stelle erwähnen, dass ich noch nicht vollständig im Frieden damit bin, dass er diese Herausforderung immer wieder meistern muss. Dies hängt natürlich auch stark von meiner allgemeinen Befindlichkeit ab.

Allmählich wird jedoch auch sichtbar, dass die Situation sein Selbstbewusstsein stärkt, da er dadurch klarer darin wird, seine Gefühle und Bedürfnisse zu identifizieren und zu äußern. Dies ist ein riesiger Vorteil, der mir durch Beobachtung meines Sohnes immer bewusster wird und mich darin unterstützt, die Situation vollumfänglich anzunehmen.

Das Ende des Versteckspiels

Der Rahmen meiner persönlichen Geschichte und somit auch meine Kernbotschaft, die sich in diesem Buch in den einzelnen Kapiteln wiederfindet, ist die der Selbstfürsorge. Das Wort und grob dessen Bedeutung meinte ich schon lange zu kennen. Doch wenn ich jetzt zurückblicke auf die letzten Jahre, hatte ich Selbstfürsorge wohl lange nicht wirklich verstanden, geschweige denn gelebt.

Lesen wir Weisheiten über Selbstliebe und Selbstfürsorge auf schön gestalteten Postkarten, klingt alles so einfach und klar. Als wäre es mit einem Fingerschnipsen umzusetzen. Pustekuchen! So ging es mir zumindest bis vor ungefähr zehn Jahren. Erst da dämmerte mir so langsam, was Selbstfürsorge alles umfasst und was in der Tiefe damit gemeint ist. Selbstfürsorge ist ein Weg, der dir viel abverlangt und trotzdem so wichtig ist – für dich und auch für andere.

Ich bin in meiner Kindheit sehr angepasst erzogen worden, ganz nach dem Motto: *„Schön lieb und brav sein. Nicht auffallen. Dann machst du alles richtig!"* Ich wurde nicht dazu ermutigt, mich mit dem, was mich im Kern ausmacht, zu entdecken, stolz darauf zu sein und dies nach außen zu tragen. Auffallen war ein absolutes No-Go. Der Zeitgeist war in den 80er und 90er Jahren so und deshalb war das auch meine Realität als Kind. Meine Eltern hatten es auch nicht anders gelernt. Für sie war es die richtige Erziehung, ohne Zweifel. Sie meinten es sicher gut.

Dieses ständige Angepasstsein hat dazu geführt, dass ich mich auf eine gewisse Art und Weise „versteckt" habe. Schließlich hatte ich gelernt, dass niemanden wirklich interessierte, wer ich war. Ich sollte Teil der Masse sein.

Als ich dann irgendwann um die dreißig, nach der Trennung von einem stark narzisstischen Ex-Partner, intensiv damit anfing, mich mit mir selbst auseinanderzusetzen, wurde mir nach und nach, sehr langsam, klar, wie sehr ich mich immer zurückgestellt und mir selbst quasi keinen Raum in meinem Leben eingeräumt hatte. Wie traurig! Alle anderen waren wichtig gewesen, nur ich hatte mich selbst fast immer vergessen. Diese Erkenntnis war da, doch die entsprechenden Veränderungen, die ich umsetzen musste, kamen erst nach und nach mit verschiedenen Situationen.

Diese Situationen sehe ich inzwischen als eine Art Übungsfeld des Lebens. Sie lösen starke Gefühle in mir aus und für mich ist es dann wichtig, diese da sein zu lassen. Wenn diese Gefühle sich beruhigt haben, nehme ich eine möglichst neutrale Beobachtungsposition ein, um zu schauen, warum ich so intensiv empfunden habe und wie ich die Situation in meinem Sinne lösen kann. In meinem Sinne bedeutet, dass ich sie so lösen kann, dass sie mit meinen Werten übereinstimmt. Oft muss ich dann aus meiner Komfortzone herausgehen, indem ich mich zum Beispiel zeige, anstatt im Hintergrund alles still, lieb und brav über mich ergehen zu lassen. Dieser Schritt heraus aus dem bequemen, kuscheligen Wohlfühlraum, wo mir theoretisch keiner etwas anhaben kann, ist hart, oft begleitet von Ängsten und Unsicherheiten. Ist ja auch irgendwie klar, dass es sich unrund anfühlt, etwas anders zu machen, als das ganze Leben zuvor. Wenn es allerdings im Einklang mit deinen Werten ist, kann es nur richtig sein dafür einzustehen, auch wenn es sich unangenehm anfühlt. Es ist einfach ungewohnt und fühlt sich deshalb im Körper so eng an. Die ersten Schritte heraus aus dieser Komfortzone sind wohl die heftigsten und jeder Mensch, der sie trotzdem geht, hat meinen größten Respekt. Du machst etwas, von dem du noch nicht weißt, wie die anderen reagieren, was es für Folgen hat und du machst es trotzdem: Wow, das nenne ich wirklich mutig! Der Erfolg zeigt sich vielleicht nicht immer unmittelbar, doch ich habe erlebt, dass er sich zeigt. Manchmal müssen wir beginnen, Dinge zu verändern und darauf vertrauen, dass diese Veränderungen Früchte tragen und wir persönlich daran wachsen.

Dabei dürfen Ängste da sein. Sie werden auch da sein und du gehst trotzdem weiter. Wenn du Veränderungen aus tiefster Überzeugung angehst, sind sie wichtig für dich und ebenso für dein Umfeld.

Auch für dein Umfeld wird sich dein Verhalten ungewohnt anfühlen, doch wem du wirklich am Herzen liegst, unterstützt dich dabei und schränkt die Liebe zu dir keinesfalls ein. Eher im Gegenteil. So wirst du auch ein Beispiel für andere sein, die sich noch nicht trauen und die an dir erkennen, dass es sich lohnt aus gewohnten Mustern auszubrechen. Du wirst ihnen den nötigen Anstoß und die Kraft geben, indem du vorlebst, was auch sie im Inneren spüren: die Bedeutung von Authentizität und Individualität.

Ich möchte dich dazu ermutigen, dein Versteckspiel aufzugeben und dich dem Feld der Ungewissheit zu stellen. Sieh es als eine Art Spiel und gehe es mit Neugierde an. Deine Intuition und auch dein Herz werden dich dabei unterstützen. Für sich und seine Werte einzustehen, diese wirklich ohne Kompromisse zu leben, empfinde ich als pure Selbstfürsorge.

Bei mir bedeutet das sehr oft, dass ich mich anders verhalte, andere Dinge mache und andere Entscheidungen treffe als mein Umfeld und damit auffalle. Tja, und auffallen wollte ich noch nie, weil ich ja gelernt hatte, dass Angepasstheit mein Weg ist. Es ist allerdings ein ruhiges Auffallen, indem ich damit nicht lautstark nach außen gehe und es jedem offensichtlich unter die Nase reibe. Stattdessen lebe ich mit meinem Sohn so, wie ich spüre, dass es für uns beide richtig ist.

Eins meiner Mottos, mit dem ich immer wieder konfrontiert werde, ist *„Weniger ist mehr!"* und vielleicht stimmst du mir zu, wenn du das liest. In der Gesellschaft erlebe ich jedoch das Gegenteil, nämlich, dass mehr mehr ist. „Mehr" löst bei mir enormen Stress aus, so dass ich mich so häufig wie möglich davon abgrenze. Ein Beispiel ist für mich die Freizeitgestaltungen für Kinder. Bei uns gibt es zahlreiche Möglichkeiten, Kinder in AGs, Sportvereine oder ähnlichem anzumelden. Hier ist mir jedoch sehr wichtig, die Bedürfnisse meines Sohnes im Blick zu behalten, so dass jetzt noch häufig Treffen mit Freunden am Nachmittag im Vordergrund stehen und generell Möglichkeiten der freien Zeiteinteilung. Ich möchte seine Kindheit nicht verplanen. Er darf für sich entdecken, was ihm Spaß macht und dahingehend möchte ich ihn in seinem Tempo unterstützen. Also weniger Termine und weniger Verpflichtungen, dafür mehr freie Zeit, um diese kreativ und selbstbestimmt zu füllen.

Zudem ist ein simples Beispiel zum Thema „weniger ist mehr", dass ich meinem Sohn für die Adventszeit einen Schokoladenadventskalender kaufe, den er sich selbst aussuchen darf. Ich liebe es zu basteln und mag deshalb auch die Vorstellung eines selbst gemachten Adventskalenders. Da dies jedoch einen erheblich größeren Zeitaufwand bedeutet, kaufen wir einen und ich mache es mir dadurch leichter. Mein Sohn liebt seinen Schokoadventskalender mit dem dahinterstehenden Ritual über alles.

Meine Energie ist mein wichtigstes Gut, das spüre ich als alleinerziehende Mutter täglich. „Weniger" bringt mir persönlich mehr Ruhe und darauf besinne ich mich möglichst oft. Es ist schon eine Aufgabe, wenn dir um dich herum immer wieder gezeigt wird, dass die meisten es anders leben. Ab und zu hinterfrage ich mich dann wieder und komme doch immer darauf zurück, dass es eben für mich anders ist, als für die meisten anderen. Das ist vollkommen okay, denn wir alle haben die Wahl und dürfen entscheiden, was sich richtig anfühlt. Dabei ist es auch wichtig, die Bewertung sein zu lassen und nicht zu viel auf die anderen zu schauen. Bedeutend ist, was sich für mich und meinen Sohn richtig anfühlt. Schlicht, doch nicht immer einfach umgesetzt, weil sich immer wieder ganz schnell dieses Vergleichen einschleicht! Auf jeden Fall aber machbar. Versprochen!

Oft gehen echte, ehrliche Entscheidungen bei mir auch mit dem Gefühl der Lebendigkeit einher. Das ist ein Gefühl, dass mich immer wieder stark motiviert auf diese Weise weiterzumachen. Ich liebe Lebendigkeit! Hierbei ist mir wichtig zu betonen, dass ich nicht von Entscheidungen spreche, mit denen ich anderen Menschen auf irgendeine Art und Weise schade. Schau doch mal, welches Gefühl sich diesbezüglich im Nachhinein bei dir zeigt und dein Antrieb wird.

Etwas, womit ich in meinem bisherigen Leben lange gehadert habe, war, dass ich mich gefragt habe, warum sich mein Leben oft und immer wieder so herausfordernd und hart anfühlt. Was mache ich falsch? Diese Frage hat mich ziemlich lange viel Energie gekostet, weil sie dafür gesorgt hat, dass ich sehr streng mit mir ins Gericht gegangen bin und mich verurteilt habe. Ich vermutete Fehler bei mir aufdecken zu müssen, damit mein Leben nur noch leicht sein kann. Dank meiner Emotions-Coachin, weiteren Menschen und Erfahrungen, habe ich nun für mich verstanden, dass kein Fehler bei mir vorliegt (da ich schon stark selbstreflektiert und offen für Veränderung bin), sondern, dass sich genau das „Leben" nennt.

Das Leben besteht aus Höhen und Tiefen. Während der Tiefen werden wir sehr stark mit uns, unseren Erfahrungen und Gefühlen konfrontiert und haben immer einen gewissen Spielraum, zu entscheiden, wie wir damit umgehen. Ja, das fühlt sich meist knallhart an. Ich weiß dann oft nicht, wo oben und unten, links und rechts ist. Fragezeichen über Fragezeichen tauchen gefühlt ohne Antwort in meinem Kopf auf. Ich habe gelernt, dass Widerstand dann absolut kontraproduktiv ist. Der Schlüssel liegt in der Annahme der Gefühle, die sich zeigen und darin, den Sturm zu akzeptieren. Wenn es nicht in unserer Macht steht, etwas es zu verändern, bleibt alleine das Annehmen. Kampf dagegen raubt dir zu viel Energie und bringt dich nicht weiter. Schließe Frieden mit der Situation, die momentan unveränderbar ist und glaube daran, dass es auch wieder bergauf geht.

Irgendwann, subtil oder eindeutig, kommt dann der Punkt, an dem sich ein Licht in der Dunkelheit zeigt. Dies kann in Form eines

Menschen, eines Gedankens oder einer Erkenntnis sein. Es zeigt sich nach und nach ein Weg heraus aus der Tiefe, wenn ich für mich weiß, wie ich mit der Situation umgehen will und was ich aus ihr lernen kann. Mich trägt der Gedanke, dass sich jede leichte Zeit meines Lebens leicht anfühlt, weil ich auch schwere Lebensphasen erlebe. Diese Phasen helfen mir, mich mehr und mehr zu formen und zu mir selbst zu werden. Eine wunderschöne Vorstellung!

> *Feier die Höhen,*
> *verwandle die Tiefen,*
> *wie auch immer du kannst.*
> *Zeig, dass du da bist.*
>
> *Verfasser unbekannt* [11]

Ich bin ein Fan davon, mir solche Weisheiten und auch eigene Erkenntnisse aufzuschreiben, um mich in den entsprechenden Situationen immer wieder daran zu erinnern. Auf diese Weise verinnerliche ich sie und sie werden zu einer inneren Schatzkiste, die ich nach Bedarf für mich nutzen kann, um meine Energie wieder in eine positive Richtung zu lenken. Ein weiteres Beispiel für meine Selbstfürsorge.

8. ARBEITEN

Dinge fügen sich, wenn ich weiß, was mir wichtig ist und wenn ich dazu stehe

Ursprünglich war mein Plan gewesen, mich nach dem Umzug in unser gemeinsam gebautes Haus, um eine neue Arbeitsstelle in unserem neuen Wohnort zu kümmern. Ich bin Erzieherin und hatte zuvor schon seit einigen Jahren eine Festanstellung. Vor der Geburt meines Sohnes hatte ich Vollzeit in einer Kindertageseinrichtung in meiner Heimatstadt gearbeitet, wo wir auch gewohnt hatten.

Zu meinem Glück hatte ich diese Stelle jedoch nicht gekündigt, als wir umgezogen waren, sondern war noch in Elternzeit. Denn dann kam der Moment, als alle zuvor im Kopf ausgemalten Pläne verworfen werden mussten, weil die Trennung ausgesprochen wurde. Da für mich ganz klar feststand, wieder in meine Heimatstadt zurückzuziehen, war ich überaus erleichtert darüber, dass ich meine bestehende Anstellung noch nicht gekündigt hatte. Trotzdem zeigte sich diesbezüglich eine riesige Unsicherheit in mir, weil ich noch nicht einschätzen konnte, wie viel Stunden ich arbeiten gehen müsste, um mir und meinem Sohn ein einigermaßen gutes Leben finanzieren zu können.

Zwei Dinge standen für mich jedoch fest: Zum einen, dass ich nicht wieder in Vollzeit arbeiten würde und zum anderen, dass wir erst eine gewisse Zeit der Ruhe und Erholung benötigen würden, bevor der neue Abschnitt Arbeit und Kindertageseinrichtung beginnen konnte.

Ich wollte nicht in Vollzeit arbeiten, weil dies als Konsequenz mit sich gebracht hätte, dass mein Sohn ganztags fremdbetreut hätte werden müssen. Da ich mir schon immer ein inniges Familienleben gewünscht hatte, wollte ich Zeit mit meinem Sohn verbringen, ihn intensiv groß werden sehen und viele gemeinsame Momente genießen. Für mich wäre dies nicht erlebbar gewesen, wenn wir nur die Wochenenden (und dann ja auch nur jedes zweite) zusammen gehabt hätten. Ich glaube, dass diese klare Vorstellung davon, wie ich mir unsere Zukunft ausmalte, dabei geholfen hat, wahrzunehmen, was sich später als Möglichkeit ergab.

Noch während der Zeit in unserem Haus, aber bereits nach der ausgesprochenen Trennung, führte ich Gespräche mit einer der zwei Verbundleitungen meines Trägers. Eine ihrer Aufgaben ist es, sich um personelle Belange der Kitas zu kümmern. Ich schilderte meine Situation und sprach ehrlich alle Bedenken und Unsicherheiten aus. Hierzu muss ich sagen, dass auf meiner Seite eine gute Vertrauensbasis bestand, die es mir leicht machte, ein offenes Gespräch zu führen. Klar war danach, dass ich mit weniger Stunden als Vollzeit und mit dem dritten Geburtstag meines Sohnes wieder arbeiten gehen würde. Ich ließ mir ausrechnen, was ich mit einer halben Stelle verdienen würde und entschied mich, diesen Beschäftigungsumfang als Maximum anzugeben. Wir verblieben so, dass wir wieder voneinander hören würden, sobald die personelle Situation in den verschiedenen Kindertageseinrichtung zum besprochenen Zeitpunkt deutlich wäre. Doch bevor dieser Zeitpunkt kam, gab es auch hier wieder Situationen, durch die ich prüfen konnte, ob ich mir wirklich im Klaren darüber war, was ich wollte.

Wir zogen, wie bereits beschrieben, einige Monate nach der Trennung übergangsweise in eine Ferienwohnung. Diese Zeit brachte uns Ruhe zur nötigen Verarbeitung des Erlebten. Außerdem konnte ich mich von hier aus mit dem Thema der Wohnungssuche beschäftigen. Während des Aufenthalts in der Ferienwohnung bot sich mir überraschend zwei Mal die Möglichkeit, wieder arbeiten zu gehen. Beide Angebote waren recht unterschiedlich, doch vom Beschäftigungsumfang genau so, wie ich es angeben hatte. Da mir bewusst war, dass wir den Umzug und dieVerarbeitung des Erlebten noch nicht abgeschlossen hatten, lehnte ich ab. Anfangs verlor ich direkt nach jedem dieser Angebote meine Klarheit, denn in meinem Kopf kreisten wie bekannt die Gedanken. Gedanken, von denen ich meinte, dass mein Umfeld sie sich machen würde, sobald es hörte, dass ich zwei Arbeitsangebote abgelehnt hatte. Nachdem ich mir jedoch bewusst gemacht hatte, dass ich es für meinen Sohn und mich als nicht gut empfand, unmittelbar neue Veränderungen anzugehen, kam meine innere Klarheit und Stärke zurück. Ich wollte für uns noch Ruhe. Sie stand uns nach der zuletzt aufreibenden und höchst emotionalen Zeit zu. Direkt wieder zu funktionieren, war für mich keine Option. Natürlich erklärte ich auch der Verbundleitung, die mit den Arbeitsangeboten auf mich zugekommen war, warum ich ablehnte.

Im Nachhinein verstand nicht jeder, warum ich so gehandelt hatte. Das war für mich jedoch in Ordnung, weil ich mir und auch meinem Sohn treu geblieben war, indem ich uns den nötigen Schonraum bewahrt hatte. Hier habe ich verstanden, dass es nicht wichtig ist, dass andere Menschen mich verstehen. Sie schauen aus einer völlig anderen Perspektive auf mein Leben und Dinge stellen sich so völlig anders dar. Ich muss Entscheidungen für uns treffen und die Konsequenzen im Sinne der Selbstverantwortung tragen. Kein anderer Mensch kann dies für mich übernehmen, egal wie liebevoll manche Ratschläge auch gemeint sind.

Mit den Monaten nahm dann die Planung für unser neues Zuhause Gestalt an und auch das entspannte Landleben machte sich bei uns positiv bemerkbar. Unser Heim bezogen wir im Frühjahr. Der Umzug war mit Kleinkind und einem erneuten Corona-Lockdown recht nervenaufreibend, doch ich war dankbar, auf Energie zugreifen zu können, die ich in den letzten Monaten in der Ferienwohnung gesammelt hatte. Außerdem tat die Vorfreude auf „echtes Ankommen" ihr übriges.

Als mein Sohn und ich uns gut in unser neues Umfeld eingelebt hatten, erreichte mich ein Vorschlag der Verbundleitung, eine

Stelle als Springerkraft zu besetzen. Da es eine solche Stelle bereits seit ein paar Jahren gab, wusste ich, was diese Aufgabe mit sich brachte. Im ersten Moment, als ich das Wort „Springerkraft" hörte, kam mir der Gedanke, dass ich immer gesagt hatte, solch eine Stelle sei nichts für mich. Die Aufgabe als Springerkraft gestaltet sich folgendermaßen: Du wirst flexibel in verschiedenen Kitas des Trägers eingesetzt und zwar immer genau da, wo eine große personelle Lücke besteht. Diese Position erfordert also viel Offenheit und die Fähigkeit, sich auf verschiedenste Situationen und Menschen einzustellen. Du weißt nie, wann und wie lange du in welcher Einrichtung bist.

Diese Umstände hatten mich immer eher skeptisch auf diese Aufgabe blicken lassen. Beim Telefonat mit der Verbundleitung wurde jedoch als sehr positiv herausgearbeitet, dass eine Springerkraft klare und vorteilhafte Arbeitszeiten hat, die sich ausschließlich auf den Vormittagsbereich beziehen. Dieser absolute Pluspunkt breitete sich nach und nach in meinem Gedanken aus und nach einem intensiven Gespräch mit meiner Emotions-Coachin veränderte ich meine Sichtweise. Mir wurde bewusst, dass sich mein Leben mit der Geburt meines Sohnes und der Trennung von meinem damaligen Mann komplett verändert hatte. Oberste Priorität hatten somit nun das Wohl meines Sohnes und mein Wohlbefinden. Dieses Ziel konnte ich aufgrund des Arbeitseinsatzes im Vormittagsbereich optimal mit der Stelle als Springerkraft verbinden, da sie für uns das gemeinsame Mittagessen und Zeit am Nachmittag ermöglichte. Genauso hatte ich mir ein Familienleben immer gewünscht und konnte es, trotz der Tatsache, dass ich mich getrennt hatte, auf diese Weise leben.

Für meine Lebensumstände war und ist diese Stelle ein absolutes Geschenk. Ein Geschenk, das ich erst nicht sehen konnte, jetzt jedoch umso klarer als solches erkenne. Manche Situationen, die augenscheinlich als Übel daherkommen, können sich somit letztlich als das absolut Beste herausstellen.

Du kannst das Handeln anderer nicht ändern, nur dein eigenes

Die Kommunikation mit meinem Ex-Mann empfand ich seit Beginn unserer Beziehung als herausfordernd und sie wurde es umso mehr, als wir getrennt waren. Da wir charakterlich zwei völlig verschiedene Menschen sind, waren Diskussionen Bestandteil unseres Alltags. Sie nahmen mit meiner Schwangerschaft, der Geburt unseres Sohnes sowie dem Hausbau stetig zu. Irgendwie war ich es somit gewohnt, dass wir selten auf einen Nenner kamen und dass Konflikte herrschten. Ich glaube, dass ich irgendwann wie blind dafür wurde, dass ich diesbezüglich in keiner allzu rund laufendend Beziehung steckte und nahm es hin. Kräftezehrend war es allerdings immer wieder aufs Neue.

Da dies uns beiden bewusst war und wir daran arbeiten wollten, suchten wir noch während unseres Zusammenseins mehrmals verschiedene Beratungsmöglichkeiten auf, um trotz unterschiedlicher Werte und Lebensvorstellungen aufeinander zuzugehen und einen gemeinsamen Weg zu finden. Ich habe es in überaus großem Maße geschätzt, dass mein damaliger Partner offen dafür war. Der Wille und der Versuch waren da, haben nur leider nicht viel verändert.

Ich habe es so wahrgenommen, dass irgendwann immer der Punkt kam, an dem es keine Augenhöhe mehr gab und unsere guten Absichten und das Miteinander verschwammen. Sich Themen zu stellen, zu reflektieren und offen für neues Verhalten zu sein ist das eine, sein Verhalten jedoch konkret zu verändern das andere. Daran hat es meiner Meinung nach gehapert.

Nach diesen Erfahrungen ist es wohl nicht allzu verwunderlich, dass die Kommunikation zwischen meinem Ex-Mann und mir nach der Trennung umso holpriger wurde und noch immer zäh ist.

Im Prozess der anstehenden Scheidung, in der viel über die Anwälte lief, in der es jedoch auch Gespräche zu viert gab, waren unsere Kommunikationsschwierigkeiten offensichtlich.

Damit meine ich nicht, dass wir vor den Anwälten miteinander gestritten hätten, sondern vielmehr, dass eine völlig andere Wahrnehmung der Gesprächsinhalte gegeben war und wir somit ganz unterschiedlich darauf reagierten. Diese offensichtlichen Unterschiede waren wohl schnell auch den Anwälten aufgefallen und ebenso dem Richter am Tag unserer Scheidung. Da dieser natürlich wusste, dass die Kommunikation nach der Scheidung ein wichtiger Aspekt ist, um sich bezüglich des Kindeswohls auszutauschen, empfahl er uns eindringlich, eine Beratungsstelle aufzusuchen, um gewisse Barrieren aus dem Weg zu räumen. Ich sah es als erneute Chance und hatte noch ein gewisses Maß an Hoffnung, dass es dieses Mal zumindest ein wenig fruchten würde. Schließlich ging es jetzt um unseren Sohn und nicht mehr um uns als Paar.

So waren meine Vorstellungen, Gedanken und Hoffnungen. Doch aus meiner Sicht ging es in den Beratungsgesprächen nach der Scheidung von Seiten meines Ex-Mannes mehr um emotionale Verletzungen, die er davongetragen hatte und nicht vordergründig – wie es sein sollte – um das Wohl unseres Sohnes. Da ich mich selbst auf die Reise gemacht hatte, alles was zwischen uns passiert war mit Unterstützung so gut wie möglich anzugehen und mir Raum für Heilung zu erlauben, hatte ich irgendwann nur noch wenig Verständnis, dass er dies immer und immer wieder in den gemeinsamen Beratungsgesprächen zum Thema machte.

Diese immer wieder ähnlich ablaufenden Gespräche, in denen mir nach meinem Gefühl ständig der „schwarze Peter" zugeschoben und Altes aufgewühlt und durchgekaut wurde, brachten mich dazu, mir einen anderen Umgang damit anzueignen. Ich legte mir kurze knappe Sätze zurecht, die den Vorwürfen meines Ex-Mannes keinerlei Brisanz erlaubten und klar signalisierten, dass seine Schulzuweisungen emotionslos von mir abprallen.

Ein solcher Satz war zum Beispiel „*Wie gesagt*" aus dem Buch „50 Sätze, die das Leben leichter machen" von Karin Kuschik.[4] Er war ein Segen in Diskussionen, die sich thematisch gefühlt endlos wiederholten und kein Ende fanden und ist seitdem mein absoluter Lieblingssatz. Beeindruckend, welche Macht und Wirkung zwei Worte, gepaart mit einer klaren, ruhigen Betonung, haben können. Zudem half mir „*Einigen wir uns darauf, dass wir uns nicht einigen*" aus demselben Buch, als mein Ex-Mann und ich in einem Beratungsgespräch bezüglich eines Themas keine klare Einigung fanden. Sobald es um alte Themen, bezogen auf unsere in der Vergangenheit liegende Beziehung und nicht explizit um unseren Sohn ging, wählte ich "*Ich glaube, das ist dein Thema*" oder „*Hier fühle ich mich gar nicht zuständig*".

Ich verstand hier zum ersten Mal so richtig, was mit der Weisheit gemeint war, andere nicht verändern zu können, sondern nur sich selbst. Anstatt mich wie gewohnt zu erklären und darauf einzugehen, was weit in der Vergangenheit lag und längst eigeninitiativ verarbeitet hätte sein sollen, begann ich anders zu reagieren. Ich wehrte diese Vorwürfe mithilfe klarer Worte ab und bot damit keine erneute Diskussionsgrundlage. Dies zeigte zu meiner Erleichterung sofortige Wirkung, denn das Anprangern wurde so geradezu im Keim erstickt, da ich keinerlei Angriffsfläche bot und ich mich nicht triggern ließ. Da ich ein sehr emotionaler Mensch bin, fühlte es sich anfangs sehr ungewohnt und seltsam an. Doch ich nahm mir das Motto „*Fake it, until you make it!*" zu Herzen. Meine Motivation dahinter war wie so oft meine mir heilige Energie. Diese war bei solchen Gesprächen nämlich meist rapide in den Keller gesunken und das wollte ich nicht mehr zulassen. Ich brauche meine Energie für mich und meinen Sohn. Ziemlich schnell kam ich richtig gut mit diesem neuen Verhalten klar, denn es hinterließ das Gefühl, bei mir geblieben zu sein und meine Energie gekonnt geschützt zu haben. Wirklich schwierig in Worte zu fassen, wie gut es mir getan hat, zu erleben, was eine bewusste Verhaltensveränderung bewirken kann.

Nach einigen gemeinsamen Gesprächen bei der Beratungsstelle entschieden wir, diesen Versuch, kommunikationstechnisch auf eine Ebene zu kommen, abzuhaken. Ich persönlich hatte nicht das Gefühl, dass sie uns bei dem weitergeholfen hatten, weshalb wir dorthin geschickt worden waren. Für mich war die Beratung dennoch lohnenswert gewesen, weil ich mich dort darin geübt hatte, mich nicht mehr so stark triggern zu lassen und mich abzugrenzen.

Eine erneut gezielte Veränderung meines Verhaltens war erst vor einigen Monaten gefragt, etwa drei Jahre nach unserer Trennung. Auslöser war, dass mein Sohn mir von einer Situation an einem Wochenende bei seinem Vater erzählte, mit der ich absolut nicht einverstanden war. Meinem Sohn ging es nicht gut damit und so unterstützte ich ihn, indem ich meinem Ex-Mann diesbezüglich eine E-Mail schrieb, in der ich die entsprechende Situation und das dahinterstehende Thema klar formulierte. Den Hinweis, nicht das Gespräch zu suchen und stattdessen die schriftliche Form zu wählen, erhielt ich von einer lieben Freundin, die vor Jahren ähnliche Erfahrungen nach einer Trennung gemacht hatte.

Eine E-Mail bietet den Vorteil, Dinge klar und deutlich ausdrücken zu können und vermeidet Impulsivität und unnötige Diskussionen. Du kannst dich beim Schreiben sortieren und die E-Mail vor dem endgültigen Absenden nochmals auf Klarheit überprüfen. Außerdem können Dinge, wie zum Beispiel Absprachen, auch im Nachhinein noch gut nachvollzogen werden, indem du das Geschriebene speicherst oder dir ausdruckst. Ab diesem einen besagten Tag, als mir klar wurde, dass sich im Sinne meines Sohnes etwas ändern musste, begann ich nur noch E-Mails, beziehungsweise zeitweise kurze WhatsApp-Nachrichten als Kommunikationsmittel zu nutzen.

Vor der neu eingeführten schriftlichen Kommunikation kam es häufig vor, dass mein Ex-Mann sich nicht an zeitliche Absprachen hielt. Immer wieder wurden diese kurzfristig verschoben und ab und zu auch spontan abgesagt. Dies kann im Leben natürlich vorkommen, ich empfinde es jedoch als wichtig, wie verantwortungsvoll damit umgegangen wird, denn mein Sohn freut sich auf seinen Papa und es war eine Zumutung, ihm bezüglich der Treffen wenig Gewissheit bieten zu können.

Aufgrund dieser Umstände entschied ich, Abhol- und Bringzeiten festzulegen, von denen ich wusste, dass sie in den beruflichen Rahmen meines Ex-Mannes passten. Falls diese aus irgendwelchen Gründen nicht eingehalten werden können, kann er sie rechtzeitig anpassen. Nach meinen Erfahrungen bin ich jedoch nicht mehr bereit, dass mein Sohn und ich zeitlich immer wieder kurzfristig hingehalten werden. Sobald von Seiten meines Ex-Mannes keine Klarheit herrscht, plane ich für uns andere Dinge.

Sehr wichtig ist mir dabei immer, meinem Sohn die Situation kindgerecht und auf Augenhöhe zu erklären. Ich bringe ihm so die Bedeutung von Absprachen nahe und auch, dass es wichtig ist, Grenzen zu setzen, wenn sich etwas nicht gut anfühlt und du zum Beispiel von deinem Gegenüber immer wieder in eine Warteposition versetzt wirst. Dabei rede ich seinen Vater nicht schlecht, sondern erläutere die Situation so objektiv wie möglich und beziehe mich auf andere Situationen in unserem Alltag.

Diese schriftliche Form der Kommunikation stößt auf der anderen Seite natürlich nicht auf Begeisterung, weil es deutlich konfrontierender ist, Dinge schwarz auf weiß zu lesen. Außerdem ist es zeitaufwändig, alles zu verschriftlichen, anstatt zu telefonieren oder auch bei der Übergabe zu besprechen. Hier habe ich, wie auch in den unzähligen Beratungsgesprächen, jedoch viel zu oft erlebt, wie wenig zielführend diese sind. Sie lösten eine Flut von Diskussionen aus, die ich nicht mehr will und schon gar nicht förderlich für meinen Sohn finde. Für ihn war es absolut belastend, solche Gespräche bei der Übergabe im Hausflur mitzuerleben.

Auch ich schreie wegen des Zeitaufwands nicht laut *„Juhu!"*, doch umso lauter rufe ich *„Juhu!"*, wegen der Klarheit und Ruhe, die diese Kommunikationsform mit sich bringt. Und glaube mir, dass auch ich mich am Anfang nicht als die Frau sehen wollte, die mit ihrem Ex-Mann nicht in der Lage ist, sich zum Wohle des Kindes auszutauschen. Ich dachte, dass ich nie eine solche Rolle einnehmen muss und fand die Vorstellung einfach traurig. Allerdings sind die Dinge, wie sie sind und ich habe mich entschieden, lieber diesen Weg zu gehen, als ständig Energie in Gesprächen zu verlieren, die am Ende keinen wirklichen Wert haben, weil sie nicht auf den Punkt kommen. Denn wirklich traurig ist, wenn ich mich für den Alltag mit meinem Sohn ausgelaugt fühle.

Meine Gedanken für dich

So durfte ich hier ganz deutlich erleben, was es bedeutet, sein Verhalten an die Gegebenheiten anzupassen, anstatt in eine Art Starre zu verfallen und alles stillschweigend über sich ergehen zu lassen. Es erfordert Mut und Stärke, zahlt sich jedoch absolut aus.

Kannst du dir das auch für dich in einer zur Zeit unzumutbaren Situation vorstellen? Welche Situation ruft bei dir nach Veränderung?

Vom Loslassen und Annehmen

Mir war von Anfang an die Bedeutung eines guten Netzwerkes sehr bewusst. Es ist elementar für unsere Energie, wie umfangreich die Unterstützung ist, die wir in unserem Alltag haben, besonders, wenn du alleinerziehend bist.

Da die Corona-Pandemie mitten in die Phase unseres Lebensumbruchs fiel und mein Sohn damals noch sehr klein war, gab es damals oft einfach „nur" ihn und mich. Natürlich hatte ich auch Freundinnen mit Kindern, die wir trafen, nur waren diese Treffen aufgrund der Kontaktverbote stark eingeschränkt. Mein Sohn war es somit gewohnt, nahezu immer, bis auf die Umgangswochenenden und bis zum Beginn seiner Kindergartenzeit mit drei Jahren, bei mir zu sein.

Da er anfangs in neuen Situationen ohnehin sehr zurückhaltend ist, brachte dies mit sich, dass er bis heute länger braucht, um sich in neuen Situationen und bei anderen Menschen sicher zu fühlen. Zudem beobachtete ich über einen längeren Zeitraum eine gewisse Verlustangst bei meinem Sohn. Dies alles führte dazu, dass es quasi nie dazu kam, dass andere Menschen mich bei der Betreuung meines Sohnes unterstützen konnten. Angebote gab es besonders nach der Pandemie zwar von Freundinnen, jedoch wägte ich aufgrund der gegebenen Umstände immer sehr gut ab, ob ich diese in Anspruch nehmen wollte.

Da meine Eltern vor Ort sind, sind sie theoretisch auch eine Betreuungsoption für den Fall, dass ich meinen Sohn aufgrund von zum Beispiel beruflichen und privaten Terminen unterbringen muss. Die Betonung liegt auf theoretisch, da sich gezeigt hat, dass es schwierig ist, sie in unser Familienleben zu zweit einzubinden. Mein Wunsch und Wille waren immer da, doch passen sie nicht zu der Realität, die sich mir immer wieder zeigt. Ich hoffe nun die richtigen Worte zu wählen, denn es ist ein sehr sensibles Thema.

Ein gewisses Maß an Bereitschaft auf Seiten meiner Eltern, Zeit mit meinem Sohn zu verbringen, ist da, jedoch ist das Bedürfnis nach freier Zeiteinteilung größer. So verweigern sie nicht gänzlich, mich zu unterstützen, indem sie auf ihn aufpassen, jedoch wäge ich, bevor ich sie frage, jedes Mal gut ab, ob ich dies tun soll. Alleine die Frage zu stellen kostet mich Überwindung, da mich häufig verletzt, wie die Antwort ausfällt, denn sie zeigt mir immer wieder aufs Neue, wie unterschiedlich unsere Werte im Leben sind. So gibt es viele Dinge in ihrem Leben, die einen höheren Stellenwert haben als wir. Ganz ehrlich, es tut sehr weh und enttäuscht, das wiederholt vor Augen geführt zu bekommen, besonders, weil ich in meinem Umfeld sehe, dass das Verhältnis zwischen Oma und Opa, Tochter und Enkelkind auch anders, intensiver und lebendiger, gelebt werden kann.

Als ich mich bei einem Beratungsgespräch mit einer Sozialpädagogin dazu ausgetauscht habe, meinte sie klar und deutlich zu mir, dass die Betreuung meines Sohnes nicht die Aufgabe meiner Eltern sei. Ich verstehe diesen Ansatz und teile ihn auch bis zu einem gewissen Grad, doch die Unterstützung, die ich zeitweise in Anbetracht meiner Lebensumstände gebraucht hätte, wäre sehr wichtig für mich gewesen. So habe ich jedoch erkannt, dass es nicht hilfreich ist, mich mit dieser Tatsache herumzuquälen – obwohl ich es ab und zu noch tue. Es ist, wie es ist und ich habe keinen Einfluss darauf. Stattdessen bin ich froh über die seltene Zeit, in der sie sich um meinen Sohn kümmern und bezüglich der anderen Zeiten bin ich kreativ und finde Wege. Mein Stresslevel war und ist aufgrund dessen natürlich nicht sonderlich niedrig.

Meistens hat es sich in der Vergangenheit so gestaltet, dass ich ihn zu Terminen einfach mitgenommen habe. Verabredungen am Abend, außerhalb unseres Zuhauses, kann ich nicht wahrnehmen. Hier wäre ein Kindermädchen hilfreich gewesen, doch da ich den

Grundstein aufgrund der erwähnten Pandemie nicht zur angemessenen Zeit legen konnte, gibt es nun kein Kindermädchen.

Erst kürzlich wollte ich diesem Gedanken erneut nachgehen, doch aufgrund des aktuellen Alters meines Sohnes – er ist jetzt sechs –, hat sich das als nicht sehr hilfreich herausgestellt. Nun erfahre ich jedoch Unterstützung dadurch, dass mein Sohn sich seit einiger Zeit regelmäßig mit Freunden verabredet und sich durch den Kontakt mit diesen Familien Zeitfenster ergeben, die ich für wichtige Termine nutzen kann. Es ist so schön zu erleben, dass alles nach dem Motto läuft: *„Eine Hand wäscht die andere.“* Es verschafft mir ein Stück Freiheit, die mir in der Anfangszeit der Trennung und ehrlich gesagt auch Monate danach gefehlt hat und die für mein Energielevel extrem von Vorteil ist. Auch wenn ich es liebe, Zeit mit meinem Sohn zu verbringen, so ist es natürlich auch wichtig, kurze Zeiträume für mich zu haben sowie für meine Freunde.

Die Menschen, die mir schon immer am nächsten waren, sind meine Freunde. Du kennst vielleicht auch den Spruch: *„Friends are the family you choose“.* Genau das beschreibt meine Erfahrung. In allen schwierigen Phasen meines Lebens (und die gab es schon in meiner Kindheit) hatte ich ausnahmslos Freunde an meiner Seite, die mir auf ihre Art Mut, Kraft, Lebensfreude und Sicherheit vermittelt haben. Mir stand immer mindestens einer zur Seite.

Doch muss ich ehrlich gesagt auch sagen, dass es phasenweise Menschen in meinem Leben gab, von denen ich dachte, es seien Freunde und die sich in harten Zeiten dennoch aus dem Staub gemacht haben. Im Nachhinein, beim Reflektieren, wurde mir dann jedoch oft bewusst, dass es bereits vorher Situationen gegeben hatte, die mir gezeigt hatten, dass sie doch nicht so ehrlich und mir zugewandt gewesen waren. Diese Situationen hatte ich mir erst schöngeredet und sämtliches Verhalten entschuldigt. Im Nachhinein ging mir immer ein Licht auf. So war es auch nach der Trennung von meinem Ex-Mann.

Es ist schon brutal genug, deinen sehnlichsten Wunsch nach einer eigenen Familie, bestehend aus Mann, Frau und mindestens einem Kind, eigeninitiativ loszulassen. Wenn dir dann jedoch bewusst wird, dass auch Menschen weichen, deren Unterstützung du in dieser absoluten Ausnahmesituation gebraucht hättest, ist das niederschmetternd.

Ich hatte eine Freundin, die mir sehr am Herzen lag und die ich auch meine beste Freundin genannt habe. Diese hat sich nach der Trennung nach und nach aus meinem Leben entfernt. Anfangs war es sehr schlimm für mich und ich fragte mich ständig, was mit mir falsch sei, weil mein Leben in solche Bahnen geriet und mir gefühlt jeglicher Halt genommen wurde. Doch an einem Abend schoss mir folgender Gedanke durch den Kopf: Die Tatsache, dass sich meine Freundin immer rarer macht, sagt mehr über sie aus, als über mich. Mit dieser Erkenntnis durchflutete mich eine Welle der Erleichterung, denn ich konnte fühlen, dass es stimmte. Es war nichts, was ich mir einredete, um mich besser zu fühlen, sondern ich spürte, dass es die Wahrheit war.

Natürlich vermisste ich noch immer die Zeit, die wir gehabt hatten, doch nach und nach kamen Erinnerungen in mein Bewusstsein, die mir aufzeigten, dass unsere Freundschaft schon länger nicht mehr im Gleichgewicht gewesen war. Meine Fähigkeit, schwere Zeiten mitzutragen und auszuhalten ist einerseits gut, doch teilweise bemerke ich dann nicht den Wendepunkt, an dem es ungut und einseitig wird. Nach meinem Empfinden war es die letzten Monate unserer Freundschaft so. Nun ist es auch hier gut, wie es ist. Ich habe nach und nach losgelassen, einige Tränen vergossen und erkannt, dass es an der Zeit war, diese Freundschaft hinter mir zu lassen. Alles hat seine Zeit und wir hatten unsere Zeit. Jede geht nun ihren eigenen Weg und ich bin dankbar, dass wir ein Stück gemeinsam gegangen sind. Meine Kursänderung im Leben hat sie nach meinem Empfinden vielleicht auch an ihre persönlichen Grenzen gebracht, warum auch immer, und es steht mir nicht zu, dies zu hinterfragen. Jede von uns hatte die Wahl und sie hat für sich eine andere Richtung eingeschlagen. Es ist ihr Leben. Sie darf darüber entscheiden. Umso erfüllender ist es zu erleben, dass das Ende einer Freundschaft auch ein Neuanfang für neue Begegnungen ist. Der alte Platz wird mit neuer Lebendigkeit und neuen Chancen gefüllt. Natürlich ist ein Mensch nicht durch einen anderen zu ersetzen, diese Auffassung habe ich nie vertreten. Doch da die Verbindung sich, wie bereits ausgeführt, schon länger nicht mehr ganz rund angefühlt hatte, durfte ich erleben, dass ich nun mehr Zeit für Menschen hatte, die mir wirklich guttaten.

Seitdem habe ich den Ansatz von Tony Robbins, der wie folgt lautet: *„Die Qualität deines Lebens ist die Qualität deiner Beziehungen"*,[5] in mein Leben integriert und überprüfe mir gegenüber immer sehr ehrlich, ob neue Menschen auch wirklich potenzielle Freunde sein können oder eher Bekannte. Mein Blick darauf ist nicht immer direkt klar, wird es jedoch mit der Anzahl der Begegnungen.

Und ich bin voll und ganz dankbar für jeden einzelnen Freund und jede einzelne Freundin, der oder die mein Leben auf unterschiedlichen Ebenen bereichert und dies genauso schätzt und empfindet wie ich!

Feierlichkeiten und was Weihnachten mir bedeutet

Das Thema der verschiedenen Feste im Jahr haben wir bisher ganz unterschiedlich gehalten und es wurde, wie so vieles andere, aufgrund von Kommunikationsschwierigkeiten nicht gemeinschaftlich besprochen. Vielmehr habe ich hier eine Haltung entwickelt, die das Wohl unseres Sohnes so gut wie möglich in den Vordergrund rückt.

Wie bereits mehrmals ausgeführt, ist sie der Grundpfeiler, der mir Orientierung gibt. Aufgrund dessen feiert unser Sohn kirchliche Feiertage wie Weihnachten und Ostern, die generell als besondere Feiertage der Familie gelten und gesellschaftlich einen größeren Rahmen bekommen, jeweils sowohl bei meinem Ex-Mann, als auch bei mir. Das bedeutet, dass er zum Beispiel Heiligabend bei mir feiert und am 1. und 2. Weihnachtsfeiertag bei seinem Vater. Diese Tage wechseln dann jährlich. Andere Feiertage werden auch gleichmäßig aufgeteilt und wechseln ebenfalls jährlich.

Geht es um Feierlichkeiten, die meine oder die Herkunftsfamilie meines Ex-Mannes betreffen, wie zum Beispiel Geburtstage, schauen wir individuell, wie es zeitlich umsetzbar ist und ob das Fest für unseren Sohn von großer Bedeutung ist. Wenn aus der Familie meines Ex-Mannes zum Beispiel ein Mitglied Geburtstag hat und feiert, dies in keinster Weise mit mir kommuniziert wird und mein Sohn bei mir ist, dann lasse ich es so stehen und empfinde es als wenig wichtig für ihn. Ich habe die Haltung, dass jeder von uns, mein Ex-Mann und ich, jeweils verantwortlich für die Planung und den Besuch der Geburtstage innerhalb der eigenen Herkunftsfamilie sind. Sollte mein Sohn den Wunsch äußern, auf einen bestimmten Geburtstag gehen zu wollen, würden wir es ihm ermöglichen. Für ihn gehören schließlich beide Seiten zu seiner Familie. Nach Möglichkeit achten wir darauf, dass unser Sohn unsere Geburtstage mit uns verbringt. Bisher hat dies auch gut geklappt. Die Geburtstage unseres Sohnes wurden sehr unterschiedlich gefeiert. Da ich ihn zur Welt gebracht habe, ist es mir überaus wichtig, ihn an seinem Geburtstag zu sehen und mit ihm zu feiern. Außerdem verbringt er die meiste Zeit bei mir, so dass hier sein hauptsächliches Zuhause ist.

Wir haben gewisse Rituale, die er an seinem Geburtstag sehr liebt. Nichts desto trotz erkenne ich natürlich an, dass auch sein Vater eine sehr wichtige Rolle in seinem Leben spielt und eine ebenso wichtige Bezugsperson ist. So haben wir es in den letzten Jahren auch oft organisiert, dass unser Sohn ihn sehen konnte. Dass es ihm wichtig ist, hat er zwar nicht explizit geäußert, es ist jedoch ohnehin klar, dass er seinen Vater an diesem Tag gerne um sich hat. Je älter er wird, desto mehr beziehe ich meinen Sohn in die Planung seines Geburtstages ein. In diesem Jahr hatte er sich an seinem Geburtstag eine Feier mit seinen Freunden gewünscht. Meine Familie wurde dann an einem anderen Tag eingeladen.

Familienfeste mit beiden Familien, also mit der meines Ex-Mannes und mit meiner Herkunftsfamilie, haben bisher nicht stattgefunden. Bis dato konnte ich es gut vermeiden, da ich aufgrund der Geschehnisse vor der Trennung noch starke Vertrauensprobleme habe. Sollten in Zukunft jedoch größere Feste stattfinden, in die unser Sohn involviert ist, werde ich in seinem Sinn umdenken. Bis dahin besteht noch Zeit und für mich die Möglichkeit, das Thema des wieder Vertrauen-Könnens zu bearbeiten, beziehungsweise einen Weg zu finden, es bei einzelnen Feiern auszublenden.

Weihnachten

Ja, Weihnachten ist wohl für die meisten von uns ein Fest, das mit vielen Emotionen und Erwartungen verknüpft ist. Wie ich bereits erwähnt habe, teilen mein Ex-Mann und ich die drei Tage an Weihnachten auf. Dies bedeutet also, dass ich einen oder zwei Tage an

Weihnachten ohne meinen Sohn verbringe. Am Anfang war das sehr schwierig für mich, weil ich ihn und mich als Familie sehe. Ist er nicht da, fühle ich mich als Familie unvollständig, weil es dann nur noch mich gibt. Das ist ein Gefühl, dass ich nicht in ein einziges Wort packen kann, auch nicht in einen Satz. Es ist hart und unbeschreiblich. Zum Glück gelingt es mir jedoch mit den Jahren besser, diese Tatsache, besonders das Gefühl, das damit einhergeht, für mich einzuordnen.

Es gelingt mir, indem ich mir vor etwa zwei Jahren bewusst gemacht habe, dass das Weihnachtsgefühl nicht nur an den drei Tagen präsent ist, sondern auch bereits in der Adventszeit. Hier kann es sogar noch viel ausgedehnter in Form von Plätzchenbacken, Basteleien, dem Dekorieren des Hauses und Wichtel einziehen lassen, dem Kaufen und Schmücken des Weihnachtsbaums zelebriert werden.

Im Grunde bietet diese magische Zeit vor Weihnachten viel mehr Möglichkeiten, sich gemeinsam zu vergnügen. Also tun wir dies und genießen es ganz und gar! Diese kleine Änderung des Blickwinkels verändert bei dem Thema Weihnachten viel für mich. Eins ist jedoch klar und ich will es nicht beschönigen: Weihnachten ohne meinen Sohn, der für mich Familie und pure Liebe bedeutet, fühlt sich unvollständig und leer an. Nun empfinde ich es jedoch so, dass es für ein oder zwei Tage okay ist. Ich versuche, mich an diesen Tagen ganz mir selbst zu widmen und mir die Zeit so zu gestalten, dass sie mich wirklich erfüllt.

Heiligabend habe ich sogar auch schon alleine gefeiert. Dies war eine bewusste Entscheidung, weil ich beim Feiern mit meiner Herkunftsfamilie nicht das Gefühl gehabt hätte, das ich mir wünsche und das für mich mit Weihnachten einhergeht. Das mag traurig klingen, aber es ist eben so und in Ordnung für mich. Ich kämpfe innerlich immer weniger dagegen an, was ist. So war ich ganz ehrlich zu mir, indem ich diese Entscheidung getroffen und nur mit mir selbst gefeiert habe. Es war komisch, aber es war eben auch nur ein Abend und das Ehrlichste, was ich für mich tun konnte. Und, ja, es hat mich Überwindung gekostet, meinen Plan nach außen zu kommunizieren, weil er so ungewohnt und anders war. Ungewohnt und anders kommt ja bei vielen nicht so gut an oder sorgt für Gesprächsstoff. Mir wird jedoch mehr und mehr bewusst, dass ich für mich und meine Bedürfnisse einstehen will und auch muss. Wenn ich es nicht tue, macht es kein anderer. Also mache ich es und gewöhne mich zunehmend daran. Es wird langsam, aber stetig leichter.

Wenn mein Sohn und ich gemeinsam Weihnachten feiern, überlege ich auch ganz genau, wie wir es gestalten, so dass es uns gefällt. Wichtig ist mir, dass er all die Rituale zelebrieren kann, die er so sehr liebt und dass wir es uns so stressfrei und ruhig wie möglich machen. Uns soll es gut gehen und wir achten darauf, was uns Freude macht. Das klingt einfach und ist es auch. Es sind kleine Dinge, die uns, und besonders meinen Sohn, an Weihnachten verzaubern.

Und wichtig ist ja sowieso, das Gefühl von Liebe und Geborgenheit über das ganze Jahr hinaus zu versprühen, unabhängig von einem bestimmten Datum. Das halte ich mir stetig vor Augen und ich wünsche mir, dass mein Sohn es für sich auch so wahrnimmt und im Herzen abspeichert, so dass es eine Kraftquelle für ihn wird, aus der er sein Leben lang schöpfen kann.

WIR sind wichtig

Vor circa zwei Jahren habe ich von einer Freundin einen Test bekommen bei dem es darum ging herauszufinden, welche Werte mir in meinem Leben wichtig sind. Unter die Top Five kam der Wert „Freiheit". In vielen verschiedenen Lebenssituationen erkenne ich, dass es tatsächlich so ist, so zum Beispiel beim Thema Urlaub. Auch wenn mir mein Zuhause schon immer als eine Art Schutzraum enorm wichtig war, um mich zurückzuziehen und zu sortieren, so war es mir auch, seit ich denken kann, ein großes Bedürfnis, etwas von der Welt zu sehen, neue Dinge zu erleben und zu verreisen. Zu verreisen kommt meinem Freiheitsdrang sehr entgegen und bedeutet für mich pure Horizonterweiterung sowie das Gefühl von Lebendigkeit. Einfach herrlich!

Urlaub mit meinem Sohn

Als mein Sohn noch sehr klein war und ich mich getrennt hatte, merkte ich jedoch, dass sich eine gewisse Hemmung bezüglich des „in den Urlaub-Fahrens" aufbaute. Ich hatte die Befürchtung, nicht alles alleine schaffen und auch nicht genießen zu können. Dies führte dazu, dass ich meine Eltern fragte, ob wie gemeinsam verreisen würden. Gerade kurz nach der Trennung und in dem ganzen Gefühlswirrwar merkte ich, dass ich eine Zeit am Meer brauchte.

Das Meer mit seiner Weite und seiner sowohl Wild-, als auch Sanftheit, vermittelt mir recht schnell einen besonderen Frieden. Schaue ich aufs Meer, beruhigt sich mein Kopf mit seinen 1001 Gedanken, ich besinne mich auf meine Sinneswahrnehmungen und bekomme wieder einen Zugang zu mir, meinem Herzen und meiner Seele. Ja, das Meer schafft es durch seine bloße Anwesenheit, mich von jetzt auf gleich zu entspannen. Was für ein Geschenk!! So machten mein

Sohn und ich gemeinsam mit meinen Eltern Urlaub an der holländischen Nordsee. Nicht verwunderlich – mein Sohn genoss es ebenso wie ich.

Auch im darauffolgenden Jahr fuhren wir mit meinen Eltern in den Urlaub. Da war mein Sohn drei Jahre alt und es stellte sich als überaus hilfreich heraus, dass wir nicht alleine unterwegs waren, weil er während des Urlaubs krank wurde. Auch wenn es auf gewisse Weise gut war, nicht alleine on Tour gewesen zu sein, merkte ich jedoch, dass sich dadurch auch Situationen ergaben, die herausfordernd waren. Diese Situationen resultierten daraus, dass meine Eltern und ich in vielerlei Hinsicht recht unterschiedlich sind und somit sowohl verschiedene Erziehungs- als auch Wertvorstellungen haben. Mich entfalten und den Urlaub genießen konnte ich so nicht. Kurzum war für mich das abschließende Resümee, dass ich zukünftig urlaubstechnisch andere Möglichkeiten suchen würde. Und so war es dann auch.

Nachdem wir zwei Jahre mit meinen Eltern verreist waren, entschied ich mich für das dritte Jahr, eine Mutter-Kind-Kur zu beantragen. Ich sehnte mich nach Zeit zum Durchatmen, einer anderen Umgebung, nach Austausch mit Gleichgesinnten und gemeinsamer entspannter Zeit mit meinem Sohn. Ich ging die nötigen Schritte und behielt permanent im Fokus, was für meinen Sohn und mich wichtig war.

Dies bedeutete, dass ich mich intensiv damit auseinandersetzte, ein Kurhaus zu finden, das zu unseren Bedürfnissen passte. Wie immer war es ein steiniger Weg, aber einer, der sich, wie so oft, gelohnt hat. Wir erlebten drei wunderschöne Wochen im Harz und ich ließ mich nicht davon abbringen, was für mich das Wichtigste war: Es sollte uns gut gehen. Wir hatten es uns verdient. Sobald mein Sohn an seine Grenzen kam, zum Beispiel bei der Mittagessensituation, stand ich für ihn ein und ich fand Wege Lösungen zu finden. Konkret war es so, dass mein Sohn sein Mittagessen mit mir und nicht mit der Kindergruppe einnehmen wollte. Essen ist ein großes Stressthema für ihn, weil er einige Lebensmittel nicht mag und häufig erlebt hat, dass diese Tatsache von anderen nicht akzeptiert wird. Er weiß, dass ich diesbezüglich eine andere Haltung habe und es mir wichtig ist, in Bezug auf das Essen keinen Druck auszuüben. Genuss und Druck passen für mich einfach nicht zusammen. So habe ich dies mit der Erzieherin der Kindergartengruppe besprochen und ihn mittags zum gemeinsamen Essen abgeholt. Es hat sich gezeigt, dass er mit mir an seiner Seite viele Lebensmittel probiert hat, die er zuvor nicht essen wollte. Er wusste, dass ich ihm die Wahl lasse und das hat ihn offener sein lassen. Natürlich haben nicht alle in der Kur verstanden, warum ich es so gemacht habe. Das war auch gar nicht wichtig, weil ich selbst es wusste und es ganz viel Entspannung in unsere Kur gebracht hat.

Was ich aus dieser Zeit mitnehme ist, dass, sobald ich mich für uns auf eine ruhige und klare Art und Weise stark gemacht habe, es immer Menschen an meiner Seite gab, die dies unterstützten. Das zählt. Dies war eine sehr motivierende Erfahrung, die mich weiter hat wachsen lassen. Ich ließ nicht mehr alles stillschweigend über uns ergehen und ging in die sichtbare Selbstverantwortung.

Ein Jahr nach der Kur, die eine absolut bereichernde Erfahrung war, ging ich einen Schritt weiter, buchte eine Pauschalreise und flog mit meinem Sohn nach Spanien. Vor seiner Einschulung wollte ich die Preise der Vorsaison nutzen und uns dieses besondere Erlebnis ermöglichen. Da er nun bereits sechs Jahre alt und somit recht selbstständig war, hatte ich kaum Bedenken.

Natürlich war ich vor der Reise und besonders vor dem Flug trotzdem aufgeregt, weil ich für alles allein verantwortlich war. Das erzeugte einen gewissen Druck in mir, aber zugleich war eine kribbelnde Vorfreude dabei. Alles in allem war es ein sehr schöner Urlaub, indem ich erfahren durfte, dass ich immer wieder über meine Grenzen hinauswachse und alles schaffen kann. So gab es abschließend eine Erfahrung, die mir dies besonders gezeigt hat: Am Abflugtag wurden wir vom Bustransfer, der uns zum Flughafen bringen sollte, stehen gelassen. Diese Tatsache schwemmte viele verschiedene Gefühle in mir hoch, doch wieder setze ich alle Hebel in Bewegung, um die Sache so zu klären, dass wir es noch nach Hause schafften. Es gelang mir, doch der Prozess war steinig. Dankbar war ich, wie immer, für all die Menschen, die uns hier unterstützten. Immer wieder raus aus meiner Komfortzone zu gehen und mich bewusst für mich und für uns zu entscheiden, hat mir schon oft positive Wendungen und Ereignisse beschert.

Ich fühle stark, dass das kein persönliches Privileg ist, sondern für jeden möglich ist, der sich mutig bereit erklärt, sein Verhalten zu überdenken, Automatismen zu verändern und eine andere Perspektive einzunehmen.

Urlaub ohne meinen Sohn

Urlaub ohne meinen Sohn zu haben, fühlt sich immer sehr komisch an, weil es in erster Linie ungewohnt ist und sich anfangs unvollständig anfühlt. Ihn für längere Zeit nicht in meiner Nähe zu haben, ist mit einem intensiven Loslassprozess verbunden. Vom Kopf her weiß ich zwar, dass die Zeit ohne ihn begrenzt ist, doch ich weiß auch, dass es eine Zeit ist, in der ich sehr wenig, nahezu gar nichts von ihm mitbekommen werde.

Ich handhabe es nämlich so, dass ich ihn in die Zeit mit seinem Vater tief eintauchen lassen möchte und es deshalb vermeide, ihn ständig anzurufen. Bevor der Urlaub mit seinem Papa beginnt, sage ich ihm, dass er sich immer bei mir melden kann, wenn er das Bedürfnis hat und dass ich trotz räumlicher Distanz für ihn da bin und ihm während der Zeit regelmäßig liebevolle Gedanken schicke, die er dann vielleicht spüren kann. Seine Vorfreude auf die gemeinsame Zeit mit seinem Vater macht es mir um einiges leichter, loszulassen. Wenn ich ihn dann verabschiedet habe und alleine bin, kullern meist erst einige Tränen bei mir. Dies lasse ich zu und bemühe mich danach, den Fokus auf mich zu lenken. Im Vorfeld erstelle ich oft eine Liste mit Dingen, zu denen ich sonst nicht komme. Das sind Erledigungen, aber auch Hobbys. Langsam finde ich darüber zu einem anderen Rhythmus und in meine andere Rolle. Mir ist dann immer sehr wichtig, auch besonders viele Dinge zu tun, die mir Kraft geben und meinen Energiespeicher auffüllen.

Gegen Ende der Ferienzeit wird das Vermissen meines Sohnes dann recht stark. Glücklicherweise ist die Zeit dann absehbar. Wichtig ist, dass mein Sohn eine schöne und erfüllende Zeit hat, auch ohne mich. Der Gedanke schmerzt auf eine gewisse Art und Weise ein wenig, doch ich möchte so gut wie möglich bedingungslos lieben und dazu gehört, ihm sein Leben und Glück zu lassen, auch wenn ich phasenweise keine Rolle dabei spiele.

Ferienzeit in Absprache

Da mein Sohn nun zur Schule geht und somit einige freie Tage im Jahr hat, ist es ein Drahtseilakt, dies zu organisieren. Ich kann an dieser Stelle nichts schönschreiben, was nicht schön ist. Absprachen zwischen meinem Ex-Mann und mir waren, wie bereits ausgeführt, von Anfang an schwierig und werden es wohl immer bleiben.

Erst kürzlich gab es einen schriftlichen Austausch über die Planung der Ferienzeiten sowie Feiertage. Ich empfinde es so, dass auf beiden Seiten, also bei mir und bei ihm, ein absolut unterschiedliches Verständnis darüber herrscht, wie viel Zeiten hier abgedeckt werden müssen. Ich versuche dies so klar und deutlich wie möglich zu formulieren, doch stoße ich auf Reaktionen, die für mich nicht nachvollziehbar und meinem Gefühl nach auch nicht gerecht sind. Es wühlt mich sehr auf, doch lerne ich zunehmend, damit umzugehen und meine Wege zu finden. Er ist, wie er ist und ich kann es nicht ändern. Ich bleibe bei mir und finde Unterstützung von anderer Seite. Daran glaube ich fest und lasse diesbezüglich alle Möglichkeiten zu, die mir in den Sinn kommen.

Sei ehrlich: Überforderung zu empfinden ist okay!

Dadurch, dass ich seit der Trennung zwar Unterstützung habe, jedoch gefühlt zu wenig, war und ist mir häufig alles zu viel. Ich habe gearbeitet, während mein Sohn in der Kita war und arbeite nun, solange er in der Schule ist. Dabei bin ich sehr glücklich, dass ich aufgrund meiner Arbeitsstelle ab mittags Zeit für ihn habe und ihm damit freie Freizeitgestaltung am Nachmittag ermöglichen kann.

Trotzdem war es besonders anstrengend, als mein Sohn noch sehr klein war, alles mit ihm gemeinsam zu organisieren. Natürlich hatte er seine Entwicklungsschübe, gute und weniger gute Tage, die ich immer flexibel in unseren Alltag und meine Aufgaben integrieren musste. Ständig flexibel zu agieren und dennoch das ganze Drumherum im Haushalt und in anderen Bereichen zu erledigen, ist erschöpfend.

Wenn ich alleine an den Umzug in einer der Corona-Lockdown Phasen denke, wird mir übel. Ich wähle diese klare Ausdrucksweise, weil ich so beschreiben und darstellen will, wie es war. Es gab so viel zu erledigen, zu bedenken, zu planen und alles war aufgrund des Lockdowns gefühlt 100mal mühseliger. Ich sehe mich noch hektisch herumlaufen wie eine Irre, weil ich nicht wusste, was ich zuerst und zuletzt machen sollte. Mein Sohn hat mir meinen Stress auch regelmäßig mit impulsiven Gefühlsausbrüchen gespiegelt. Ich nahm es wahr, wusste, dass es zu viel war, wusste jedoch nicht, wie ich es ändern konnte. Gefühlt gab es „No Way Out". Hilfe, die ich bekam, habe ich angenommen und trotzdem lastete immer noch zu viel auf mir. Ich erspare es dir und mir, aufzulisten, welche Aufgaben damals auf mich zukamen. Vielleicht hast du eine vage Vorstellung davon und fühlst den Druck alleine beim Lesen meiner Zeilen.

Das Schlimme war, dass ich das Gefühl hatte, nichts richtig zu machen und vor allen Dingen meinem Sohn nicht gerecht zu werden. Abends bin ich dann immer direkt mit meinem Sohn schlafen gegangen und habe mich davon freigemacht, dann erst recht die Zeit für mich effektiv nutzen zu müssen. Ich war müde, also konnte nichts wichtiger als Schlaf sein. Außerdem war das gemeinsam eingekuschelte Einschlafen immer wie eine Belohnung für den vollen Tag und eine Möglichkeit, Kraft für die Aufgaben des nächsten Tages zu schöpfen.

Die stressige Umzugsphase liegt nun ein paar Jahre hinter uns und trotzdem ist es noch immer viel, alles alleine stemmen zu müssen. Das ist so. Das Schwierige ist ja zusätzlich noch die Kommunikation mit meinem Ex-Mann, die sich zäh wie Kaugummi gestaltet.

Eine Aufgabe zieht ja meist viele kleine Teilaufgaben mit sich, die wie unsichtbar im Hintergrund laufen, sich jedoch deutlich am Energielevel bemerkbar machen. Es gibt heute so viele Möglichkeiten, jedoch dadurch auch viel zu überlegen und abzuwägen. Dazu kommen unzählige Entscheidungen, die ich alleine für meinen Sohn und mich treffe, ohne die Möglichkeit eines Austauschs zu haben. Dabei ist es mir immer wichtig sie so zu treffen, dass ich sie felsenfest vertreten kann. Ich bin keine Frau, die sich unsicher für etwas entscheidet. Nein! Wenn ich mich für etwas entscheide, entspricht meine Entscheidung auch meinen Werten. Das ist mir wichtig, bedeutet unter Umständen jedoch, dass ich mich teilweise etwas länger mit einem Thema beschäftige, bis ich eine Entscheidung getroffen habe. Dies trifft natürlich überwiegend auf Entscheidungen zu, die einen größeren Einfluss auf unser Leben haben.

Es gibt also einiges zu tun und ich habe für mich einige Haltungen und Strategien entwickelt, um diesen Stressfaktor so klein wie möglich zu halten. Zum einen ist eine Strategie, Dinge wegzulassen, die nicht wirklich wichtig für unser Wohlbefinden sind. So liebe ich, wie bereits beschrieben, die Vorstellung, für meinen Sohn einen eigenen Adventskalender zu basteln, kaufe dann jedoch einen einfachen Schokoladenadventskalender, den er sich innerhalb eines gewissen Rahmens selbst aussuchen darf. Ich mache Dinge, wie sie für uns passen und versuche mich so wenig wie möglich an anderen zu orientieren, weil dies ansonsten starken Druck in mir auslöst. So oft wie möglich lasse ich auch negative Selbstgespräche weg und zwar immer dann, wenn sie mir auffallen. Ich rutsche in diese Gedankenspirale hinein, wenn ich einen schlechten Tag habe und mich zu viel mit anderen vergleiche. Dann bin ich hart zu mir, lasse mich in keinem guten Licht stehen und sehe nur, was ich nicht schaffe. Sobald mir das bewusst wird, stoppe ich diese Gedanken und suche auch Unterstützung bei Freunden. Sie helfen mir dann dabei, mit Abstand auf mich zu schauen und verdeutlichen mir, wie sie mich wahrnehmen. Das hilft mir enorm dabei, Verständnis und Sanftheit für mich aufzubringen, denn ich gebe jeden Tag aufs Neue mein Bestes. Mehr geht nicht und muss es auch nicht, denn schließlich bin ich, genau wie du, ein Mensch und keine Maschine.

Wenn der Stress so akut ist, dass ich innerlich gefühlt gar nicht zur Ruhe komme, setze ich mich am Abend, wenn mein Sohn schläft, bewusst ohne äußere Reize hin und schaue in den Garten. Oft bin ich nämlich stark überreizt vom vollen Tag und dann hilft mir schlicht und einfach Ruhe. Ich brauche nicht viel. Die Ruhe im Außen erzeugt dann langsam Ruhe in meinem Innen. Je nach Tagesform unterstützt mich dabei meine Lieblingsmusik. Die Klänge tragen mich Stück für Stück wieder zu mir und bringen mir innerlich Frieden. In diese Ruhe zu kommen, kostet mich erst eine gewisse Überwindung, weil sie erfordert, dass ich meinen Kopf ausschalte und all die Aufgaben, die noch präsent sind, links liegen lasse. Dann muss auch bewusst das Handy weggelegt werden, weil es für mich eine große Ablenkungsquelle darstellt. Außerdem habe ich vor einiger Zeit bei Instagram einen Text gefunden, den ich als sehr wohltuend empfinde, wenn mir alles zu viel ist und von dem ich mich voll und ganz verstanden fühle. Er fühlt sich wie eine liebevolle, warme Umarmung für mich an. Ich will ihn dir an dieser Stelle nicht vorenthalten. Lehn dich zurück und lass die Botschaft bei dir ankommen, wann immer du völlige Überforderung spürst.

„Diese Worte bringen dich vielleicht zum Weinen,
doch sie sollten dich finden.
Ich hoffe, dass du dich an schwierigen Tagen daran erinnerst,
dass es in Ordnung ist alles zu fühlen, was du gerade fühlen musst.
Es ist in Ordnung, deine normale Routine zu verlassen
und in der Stimmung zu sein, in der du gerade sein möchtest.
Die meisten Dinge können warten, bis diese Welle vorbei zieht.
Die Wellen ziehen immer vorbei.

Ich hoffe, dass du dich an schwierigen Tagen daran erinnerst,
dass es normal ist, nicht zu wissen,
was du tun musst um dich besser zu fühlen.
Es ist normal, dass einen alles überfordert.
Es ist normal, dass man bei dem Gedanken
an alles, was passiert ist,
an alles, was getan werden muss,
an alles, womit man sich auseinander setzen muss,
in Tränen ausbrechen möchte,
weil die Reise einfach zu viel scheint, um damit klar zu kommen.
Die Reise ist manchmal zu viel,
aber meistens können wir doch mehr bewältigen,
als wir uns selbst wirklich zutrauen.

Manchmal fühlt sich das Leben zu schwer an
und gerade in diesen schweren Zeiten fällt es uns schwer,
uns selbst die gleiche Gnade zu schenken,
die wir aber allen anderen entgegenbringen.
Das ist ganz normal.
Du verdienst immer mehr Gnade, als du selbst denkst.
Das Leben ist schon viel.

Ich hoffe, dass du dich an schwierigen Tagen daran erinnerst,
dass es normal ist, gute Tage, schlechte Tage
und Tage dazwischen zu haben.
Dort durchzukommen ist ein Übergang und eine Transformation,
die nicht über Nacht geschieht.

Meine Gedanken für dich

Es ist also voll und ganz okay, wenn dir alles zu viel ist. Gib den Widerstand auf und lasse es so stehen, ohne Bewertung und ohne dich zu verurteilen. Schau, was dir gut tut und was dich bestmöglich entspannt… . Sei es, einen Termin abzusagen, früh schlafen zu gehen, zu deiner Lieblingsmusik zu tanzen oder auch gar nichts zu tun. Was und wie auch immer! Erlaube es dir, gut für dich zu sorgen, ganz besonders in Zeiten, in denen du das Gefühl hast, unterzugehen. Sei dir gewiss, du tauchst auf jeden Fall wieder auf, denn das bist du bisher doch immer, oder?

Phase 3

*Ich weiß jetzt wieder klarer,
wer ich bin.*

Innerer Frieden,
persönliches Wachstum und
tiefe Dankbarkeit

Ich möchte dir vorstellen: Die gute Fee aus dem Café

Jetzt sind über vier Jahre nach der Trennung vergangen und ich kann rückblickend deutlich erkennen, welche Schritte mir viel abverlangt haben, sich jetzt allerdings als absolut lohnenswert zeigen. Die Wirkung dieser Schritte konnte ich damals nur erhoffen und Vermutungen anstellen, jetzt nach vielen Monaten, wird sie jedoch sichtbar.

Vor unserer Eheschließung drehte sich vieles um den Ehevertrag, den mein jetziger Ex-Mann verfassen und abschließen wollte. Viele empfinden einen Ehevertrag als total unromantisch, was ich bis zu einem gewissen Grad auch verstehen kann, weil ich auch eher der Typ Mensch bin oder war, der alles rundherum harmonisch und rosarot haben wollte. Erkannt habe ich jedoch für mich, dass dieser Wunsch nicht der Realität entsprechen muss, die sich in einer Beziehung zeigt. In guten Zeiten ist es kaum vorstellbar, wie sich eine Beziehung und die Betroffenen verändern können.

Den Wunsch einen Ehevertrag aufzusetzen, konnte ich von Seiten meines damaligen Freundes verstehen, da er selbstständig war und sein Unternehmen natürlich schützen wollte. Das war vollkommen in Ordnung für mich. Irgendwann bekam ich die Fassung des Notars und mein Vater bot an, sie sich mit mir anzusehen. Wenn es um solche Texte geht, verstehe ich tatsächlich nicht sonderlich viel. Die Feinheiten erreichen mich inhaltlich schlicht nicht und gerade um die Feinheiten geht es wohl in einem solchen Schriftstück. Das durfte ich für mich an diesem Punkt meines Lebens lernen.

Dank meines Vaters, der eine Ahnung hatte, dass die erste Fassung des Ehevertrags nicht wirklich zu meinen Gunsten formuliert war, erhielt ich Hilfe von einem ganz besonderen Menschen. Es war ein älterer Mann, den mein Vater regelmäßig, doch immer zufällig, in einem Café traf und der zuvor mit Notaren zusammengearbeitet und somit Erfahrung auch mit Eheverträgen hatte. An einem Morgen fragte mein Vater ihn, ob er sich den erwähnten Ehevertrag ansehen würde. Der Mann willigte ein und wurde damit meine Rettung, so etwas wie die gute Fee aus dem Café. Meine Ausdrucksweise klingt märchenhaft und ich setze diese bewusst ein, weil dieser Mann für mich wirklich wie ein Wunder war. Ein Wunder und ein großes Geschenk, das ich jetzt klar und deutlich als solches sehen kann.

Nachdem meine „gute Fee" sich die erste Fassung angesehen hatte, drückte er freundlich, jedoch klar aus, dass diese nicht zu meinen Gunsten verfasst worden sei. Die Tatsache, dass ich für unseren Sohn in Elternzeit gehen würde, werde in dem vorliegenden Vertrag nicht wertgeschätzt. Im ersten Moment konnte ich, ehrlich gesagt, nicht richtig verarbeiten und auch nicht vollständig glauben, was mir gesagt wurde. Ich war im letzten Drittel meiner Schwangerschaft, quasi wie auf Wolke 7 und konnte die Worte des Mannes nicht greifen. Klar wurde mir nach und nach jedoch, dass ich den Vertrag mit so einem ambivalenten Gefühl nicht unterschreiben konnte. Ich suchte das Gespräch mit meinem damaligen Freund. Einfacher wurde es danach nicht für mich, doch ich signalisierte deutlich, dass der Vertrag so nicht bleiben konnte.

Beim Schreiben dieser Zeilen erinnere ich mich noch genau daran, wie haltlos ich mich zu der Zeit fühlte. Ich wollte glücklich sein, mich auf unsere Hochzeit und besonders auf unser Kind freuen und konnte es nicht, weil sich ein Misstrauen gegenüber meinem Partner aufbaute und auch mein Vater mich immer wieder mit diesem Thema konfrontierte (natürlich mit guter Absicht). Eigentlich wusste ich zeitweise gar nicht, wem ich vertrauen konnte. Da ich jedoch, wie bereits beschrieben, selbst wenig Ahnung von solchen Verträgen habe, begann ich mich langsam, meiner „guten Fee" aus dem Café anzuvertrauen.

Anfangs lief das Meiste über meinen Vater, doch als ich merkte, dass er begann, sich emotional darin zu verlieren und der objektive Blick auf das Thema verschwamm (was ich absolut verstehen kann), suchte ich diesen Mann alleine auf, denn schließlich wusste ich, wo besonders morgens sein Lieblingsort war.

Ich schilderte ihm meine Situation, wie ich mich fühlte und baute darüber allmählich Vertrauen zu ihm auf. So schaute er sich geduldig die überarbeiteten Versionen des Ehevertrags an und gab mir immer ehrlich Rückmeldung. Wenn ich jetzt daran denke, überkommt mich eine riesige Dankbarkeit und mir steigen Tränen in die Augen. Ich habe diesem Mann so viel zu verdanken und dabei hat er mir meiner Wahrnehmung nach aus der schönsten Intention heraus geholfen, und zwar aus Menschlichkeit und Gerechtigkeitsempfinden. Wann immer ich ihn gefragt habe, was ich ihm als Dankeschön für seine Zeit, Mühe und Ehrlichkeit geben kann, wollte er nichts haben.

So hat sich im Verlauf der Trennung und Scheidung gezeigt, wie wichtig die finale Version des Ehevertrags war, die viel Energie und Vertrauen gekostet hat. Ihr habe ich es zu verdanken, dass ich heute nicht Vollzeit arbeiten gehen muss, um meinem Sohn und mir ein schönes Leben zu ermöglichen. Ein Leben, das es uns erlaubt, auch in den Urlaub zu fahren und nicht jeden Cent umdrehen zu müssen. Ich bin absolut kein Mensch, der das Geld zum Fenster hinauswirft und der Meinung ist, dass Glück mit materiellen Dingen zusammenhängt. Es ist jedoch ein ganz und gar wertvolles Gefühl, sich nicht mit finanziellen Engpässen beschäftigen zu müssen. Es gibt so viel, womit ich mich gedanklich auseinandersetzen muss. Mit diesem Thema nicht und darüber bin ich über alle Maße froh.

Mein Gedanken für dich

Mit dieser Erfahrung möchte ich dir sagen, dass es immer wieder herzensgute Menschen gibt, die wie aus dem Nichts heraus bereit sind zu helfen und dass es absolut wichtig ist, deinem Bauchgefühl zu vertrauen, auch wenn dies herausfordernde Situationen mit sich bringt. Die Belohnung kommt und dann erfüllt dich hoffentlich solch eine immense Dankbarkeit wie mich. Ich wünsche es dir von Herzen!

Was will ICH? Was füllt MICH aus?

Meine Auszeiten sind mal kurz und mal länger. Wenn diese Auszeiten über einen längeren Zeitraum zu kurz ausfallen, spüre ich dies sehr intensiv. Dann kommt einerseits eine tiefe Sehnsucht nach mir selbst auf und zum anderen spüre ich das selbstverständlich an einem Mangel an innerer Ruhe und Ausgeglichenheit.

Besonders intensiv habe ich dies bisher erlebt, wenn mein Sohn krank war und wir deshalb für längere Zeit zuhause waren. Dann gab es nur ihn und mich, keine Unterbrechung durch einen anderen Menschen, außer vielleicht durch den Kinderarzt. Das hat mich in meiner Mutterrolle immer sehr gefordert. Sobald ich danach Freiraum für mich bekam, habe ich quasi jede Sekunde Zeit aufgesaugt. Es war einfach zu wenig „Monique" und sehr viel „Mama Monique". Wenn hier lange ein Ungleichgewicht herrscht, ist das für mich ganzheitlich spürbar. Ich liebe es, Mama zu sein, doch natürlich bin ich auch ein Mensch mit ganz individuellen Bedürfnissen.

Kleine Auszeiten finden sich im Alltag mit meinem Sohn zum Beispiel, indem ich bewusst meinen Kaffee nach dem Mittagessen trinke und meinem Sohn sage, dass ich jetzt eine kurze Pause für mich mache. Mittlerweile ist er sechs Jahre alt und kennt das, lässt mir hier meistens meinen Freiraum. Manchmal kommt er dazu, kann sich dann jedoch auf Ruhe und Kuscheln einlassen. Er spürt mittlerweile, wie wichtig mir das ist und hinterfragt es nicht. Diese Mini-Auszeiten sind kleine Kraftanker.

Viel größere Kraftanker sind jedoch Auszeiten, die sich über eine längere Zeit erstrecken. Diese habe ich, wenn mein Sohn am Wochenende bei seinem Vater ist oder auch in Ferienzeiten. In diesen Auszeiten anzukommen, bedarf erst etwas Zeit, gelingt mir mittlerweile jedoch schneller als zu Anfang. Ich muss dann meine Mutterrolle loslassen, um in meine „Monique-Rolle" ohne Kind hineingleiten zu können. Ja, es ist ein Hineingleiten, das langsam und vorsichtig geschieht, weil es schon auch immer noch Teile in mir gibt, die meinen Sohn vermissen.

Schon recht früh habe ich mir bewusstgemacht, dass diese Auszeiten sehr kostbar sind, weil sie mir die Chance bieten, mich als Persönlichkeit auszuleben. Absolute Freiheit und keinerlei Fremdsteuerung ist dabei wohl das Motto, dass ich unausgesprochen verinnerlicht habe. Da ich im Alltag nonstop eingebunden bin, habe ich mich dazu entschieden, es in den Auszeiten aus Liebe zu mir anders zu machen und mir ehrlich die Frage zu stellen, was ich brauche, um mir wieder selbst nah zu sein. *„Was möchte ich? Was macht mir Spaß, erfüllt mich und beschert mir Glücksgefühle?"* Diese Fragen erfordern, dass ich auf mich schaue und in mich hineinhöre. Kein *„Was tun andere so?"* oder *„Was sollte ich machen?"*, sondern *„Was möchte ich machen?"*

So simpel diese Fragen auch klingen, sie sind es nicht. Zumindest waren sie es für mich nicht, weil ich, wie bereits beschrieben, nicht gelernt hatte, darauf zu schauen, was ich möchte, sondern vielmehr damit beschäftigt war, es allen anderen um mich herum recht zu machen. Somit war auch dieser Prozess eine große Lernaufgabe für mich.

Besonders kurz nach der Trennung hörte ich oft *„Wow! Du hast jedes zweite Wochenende ganz für dich. Dann hast du ja Zeit, um XY zu machen"*. Diese freie Zeit habe ich schon immer als sehr wertvolle Zeit empfunden, doch mit einem ehrlichen Blick auf das Leben einer Alleinerziehenden wird schnell klar, dass auch in dieser Zeit noch Dinge anfallen, die in der Zeit mit Kind nicht erledigt werden können. Diese scheinbar freie Zeit ist also keine reine Zeit für mich. Mir ist bewusst, dass derartige Äußerungen nicht böse gemeint sind, sondern auf Unwissenheit beruhen. Nichts desto trotz haben sie mich dazu bewegt, Ehrlichkeit mir gegenüber zu leben.

Dies hat anfangs bedeutet, dass ich mich gefragt habe, welche Verbindungen oder Treffen mit Menschen ich nicht mehr aufrechterhalten kann und will, weil es andere Verbindungen gibt, die mir emotional mehr Liebe, Freude und Halt geben. Für den ein oder anderen klingt das vielleicht hart, doch alles geht als Alleinerziehende nicht mehr. Das ist so und nicht persönlich zu nehmen. Am liebsten umgebe ich mich in meiner Auszeit mit Menschen, mit denen ich Leichtigkeit leben und auch tiefe Gespräche führen kann. Menschen, die mich so nehmen, wie ich bin und die ich so nehme, wie sie sind. Hier fällt ein Sich-erklären-Müssen weg und an dessen Stelle steht ein *„Ok! Du weißt am besten, was gut für dich ist"*. Solche Menschen um sich zu haben, ist für mich unglaublich kostbar und nichts fühlt sich aus meiner Sicht richtiger an als das.

Meine Auszeiten verbringe ich also damit, mich mit bereichernden Menschen zu umgeben, doch gibt es weitere Dinge, die mich wieder ganz nah zu mir bringen. So genieße ich es, Waldspaziergänge zu machen, das zu kochen, was ich will und mir guttut, mich zu bewegen, kreativ zu sein. Ich liebe es, Sachen zu machen, die mich auf Herzebene stark berühren. Dies bedeutet in meinem Fall, meine Lieblingsmusik zu hören, emotionale Filme zu schauen, inspirierende Texte zu lesen, Gedichte und Gedanken in mein Tagebuch zu schreiben und auf Konzerte meiner Lieblingsbands zu gehen. Konzerte zu besuchen ist aus verschiedenen Gründen zwar eher selten möglich, doch wenn ich dies tue, blühe ich auf, wie sonst nirgends. Es ist unausgesprochene „Monique-Zeit", in der ich mein ganzes Gefühlsspektrum ausleben kann, wodurch ich mich voll und ganz lebendig fühle. Es ist immer wieder aufs Neue ein großartiges und erfüllendes Erlebnis. Ich liebe, was Musik mit mir macht!

Was ich ebenso liebe, ist, mich persönlich weiterzuentwickeln. Dies habe ich bisher mit Büchern getan, mithilfe von Menschen, die mich ich hierbei unterstützt haben, wie zum Beispiel meiner Emotions-Coachin, und ganz intensiv mit Online-Kursen. Die Arbeit an und mit mir ist eine Arbeit, die sehr tief geht und innerlich einiges aufwirbelt. Ich hatte schon immer einen Drang nach Tiefe, in jeglicher Hinsicht. Es schmeckt mir nicht, an der Oberfläche zu bleiben, es fällt mir sogar unglaublich schwer. Tiefe bringt deutliche Erkenntnisse mit sich, die häufig auch Schmerz hervorrufen, doch im Nachhinein immer lohnenswert sind.

Die Erkenntnisse, die ich durch meine persönliche Entwicklung erlangt habe, helfen mir, mich von Gedanken- und Handlungsmustern zu befreien, die mir nicht guttun und auf diese Art und Weise zu der Frau zu werden, die ich bin. Nicht wie andere mich haben wollen, sondern wie ich tatsächlich bin.

Auch, mich mit Dingen wie Energien zu beschäftigen, die visuell nicht greifbar, jedoch spürbar sind, ist etwas, womit ich mich in Auszeiten gerne befasse. Es fasziniert mich, weil es es so anders ist als das, womit wir uns den lieben langen Tag beschäftigen. Die meiste Zeit sind wir rational gesteuert und diese Ebene konzentriert sich ausschließlich auf das Gefühl und die Intuition. Meiner Meinung sollte diese Ebene viel mehr Raum in unserer Gesellschaft erhalten, als sie bisher hat. Ich kann ganz deutlich sagen, dass meine Intuition und mein Gefühl mich all die Schritte haben gehen lassen, die ich in diesem Buch beschrieben habe und die eine Menge Mut und Risikobereitschaft gefordert haben. Selten leicht, doch immer richtig. Mithilfe der Arbeit an mir habe ich diese beiden Wegweiser immer weiter freigelegt und bin sehr glücklich, sie heute deutlicher wahrnehmen zu können.

Meine Gedanken für dich

Auszeiten sind also sehr wichtig, um in unserer Persönlichkeit gefestigt zu werden und all die Klarheit und Energie zu haben, die uns unser Alltag als Alleinerziehende abverlangt. Auszeiten sind Urlaub vom Alltag! Wertschätze sie auf deine ganz besondere Weise und stelle dich hier an oberste Stelle! Auch dein Kind oder deine Kinder profitieren davon sowie dein ganzes Umfeld, denn es hat rein gar nichts mit Egoismus zu tun, wenn du deine Energie- und Glückspeicher wieder auffüllst. Lass dir dies niemals einreden. Manche Menschen wissen es einfach nicht besser – aber du und ich!

Eine tiefe Verbindung für immer

Die Verbindung, die mein Sohn und ich haben, ist aufgrund der vielen Zeit, die wir seit Beginn seines Lebens miteinander verbringen, sehr innig. Auch als mein Ex-Mann und ich noch zusammen waren, war ich aufgrund seiner Selbstständigkeit die Hauptbezugsperson für meinen Sohn. Mit der Trennung wurde dies noch intensiver.

Seit ich mich erinnern kann, liebe ich es, mit Kindern zusammen zu sein. Ich schätze ihre ehrliche und unbeschwerte Art. So habe ich von Geburt unseres Sohnes an die Haltung entwickelt, ihm stets so gut wie möglich auf Augenhöhe zu begegnen. Nun ist er sechs Jahre alt und ich beginne seit einiger Zeit die Früchte dafür zu ernten, indem wir ein wirklich wundervolles Vertrauensverhältnis haben. So gut wie möglich habe ich in der Erziehung jeglichen Druck vermieden. Ich würde lügen, wenn ich schreiben würde, dass es mir immer ganz ohne Druck gelingt. In stressigen Phasen rutsche auch ich ab und an mal in ein Machtgehabe. Dies spiegelt mir mein Sohn dann, indem er mit großem Widerstand reagiert und sich unser Konflikt mehr und mehr zuspitzt. Wenn es mir dann auffällt, unterbreche ich mich, werde sanfter, fühle mich in ihn ein und entschuldige mich. Das bewirkt einen enormen Stimmungswechsel bei uns beiden.

Die Kommunikation und der Umgang auf Augenhöhe ermöglichen, dass mein Sohn mir gegenüber sehr ehrlich ist und einen guten Zugang zu seinen Gefühlen hat. Ich sehe ihn, nehme ihn ernst und auf diese Art und Weise erlebt er sich in dieser Welt als genauso wichtig wie alle anderen. Was ich als Kind erlebt habe, nämlich, irgendwie mitzulaufen, jedoch schön im Hintergrund zu bleiben und völlig angepasst zu reagieren, möchte ich für meinen Sohn nicht.

So erlebe ich, dass mein Sohn sich mir voll und ganz offenbart und zwar mit all seinen Wünschen, Gefühlen und Bedürfnissen. Es ist nicht immer leicht, all das alleine abzufedern, doch ich spüre tief in mir, dass es unbeschreiblich wichtig und sehr wertvoll ist. Mein Sohn darf und soll sich so zeigen, wie er ist und ich unterstütze ihn dabei, hier einen guten Weg zu finden. Mir ist es ein großes Anliegen, ihn so gut wie möglich dabei zu begleiten, eine sensible und starke Persönlichkeit mit offenem Herzen zu sein. Natürlich bedeutet dies, dass ich es ihm auch vorlebe. So sieht er, dass das, was ich ihm vermittle, Werte sind, die auch ich lebe. Aufgrund dessen kennt mein Sohn mich, wie ich albern bin und lache und ebenso, wie ich bin, wenn ich traurig und überfordert bin. Er weiß, wie es aussieht, wenn ich weine. Wenn solche Situationen auftreten, erkläre ich ihm so kindgerecht wie möglich, um ihn nicht zu überfordern, warum ich gerade weine und sage, dass es mir guttut, die Tränen laufen zu lassen, weil es mir danach wieder besser geht. Ich möchte ihm vermitteln, dass alle Gefühle richtig sind und, dass Sprüche wie *„Ein Indianer kennt keinen Schmerz"* nicht stimmen, weil sie das Unterdrücken der eigenen Gefühle bewirken. Was unterdrückt wird, bahnt sich an anderer Stelle seinen Weg und das ist meinem Empfinden nach nicht gut.

Mein Sohn und ich lieben es, unterwegs zu sein und Sachen zu erleben; ebenso, zuhause Zeit zu verbringen und uns hier zu beschäftigen. Ich spüre immer wieder sehr deutlich, wie immens der Einfluss ist, den ich auf meinen Sohn habe und reflektiere dies deshalb ständig. Ein Beispiel hierfür ist folgendes: Ich liebe Farben und kreative Tätigkeiten. Irgendwann, vor etwa 1 1/2 Jahren, habe ich damit begonnen, Steine zu bemalen. Beim Steinebemalen kann ich mein Bedürfnis nach Kreativität unkompliziert und auch „mal eben zwischendurch" ausleben. Es entspannt mich total und bringt mir eine kleine Auszeit. Anfangs beobachtete mich mein Sohn dabei, stellte mir Fragen und recht schnell wollte er es mir nachmachen. Zu der Zeit interessierte er sich noch wenig fürs Malen, doch dank der Steine veränderte sich dies. Er begann, die Dinge, die ich auf die Steine malte, auf eigene Steine zu malen. Auf diese Weise zeichnete er Herzen, Engel, Pinguine oder Muster und es war ein Fest, seine Freude und seine Fähigkeiten mitzuerleben. Hier habe ich sehr deutlich bemerkt, wie natürlich sich Dinge entwickeln können, wenn sie ohne Druck und aus eigener Motivation entstehen. Voll und ganz berührend, wie mein Funke der Begeisterung auf ihn übergesprungen ist. Nun muss ich mich immer beeilen, damit er nicht alle Steine alleine bemalt, so dass noch welche für mich übrigbleiben.

Einen Teil der Steine behalten wir, dekorieren unseren Garten und unsere Wohnung – und den anderen Teil verschenken wir, um anderen eine Freude zu machen. Es ist so kostbar, mit welch scheinbar kleinen Dingen eine so große Wirkung erzielt werden kann und es ist wichtig, uns klar zu machen, wie groß unsere eigene Wirkung auf andere und besonders auf unsere Kinder ist, auch wenn uns das nicht immer bewusst ist. Achte mal darauf, wenn du magst!

Neben dem Steinebemalen gibt es noch einige Rituale, die uns beiden sehr wichtig sind und die ich gerne unsere Kraftanker nenne. Sie geben uns Orientierung im häufig verwirrenden Dschungel des Alltags. Sie pflegen und stärken die Verbindung zu uns selbst und zueinander. Bei uns ist es zum Beispiel das regelmäßige Kuscheln auf meinem Schoß, solange es noch geht, das Vorlesen vor dem Einschlafen oder gemeinsames Rumalbern. Alles Dinge, die uns ein rundherum gutes und sicheres Gefühl geben. Die Devise ist, alles, was umsonst ist und uns beiden gut tut, darf so häufig wie möglich gelebt und gemacht werden, denn es stärkt uns von innen heraus.

Was mir beim Aufwachsen meines Sohnes auch sehr wichtig ist, ist ihm ein Auge für die Schönheit der Natur zu vermitteln und Dankbarkeit für sie zu entwickeln. So freuen wir uns über jeden Regenbogen, jedes Wasserglitzern, die verschiedenen Himmelsfarben oder Wolkenbilder. Kürzlich war ich mit meinem Sohn spazieren und auf einmal meinte er völlig begeistert zu mir: *„Mama, guck mal, die Sonnenstrahlen!"* Das sind die Momente, die mich mit Glück erfüllen und die mir zeigen, wie gut mein Sohn die schein-

bar kleinen, doch in Wahrheit großen Dinge, erfassen kann. Für
mich fühlt sich das unbezahlbar an.

Und auch wenn ich nach der Trennung häufig gedacht habe, meinem Sohn alleine nicht alles bieten zu können, was er für eine gute
Entwicklung braucht, so erlebe ich immer mehr, dass das absolut
nicht stimmt. Er hat alles, was er braucht, um glücklich zu sein. Es
ist nicht essentiell wichtig, dass Eltern zusammenleben, sondern
vielmehr, dass die Elternteile erfüllt und authentisch sind und dies
dem Kind vorleben. Wir haben eine wundervolle Zeit miteinander, deren Fundament die Liebe ist. Was kann da schon fehlen?

Ich bin stolz auf die Frau, zu der ich geworden bin

Ja, die Jahre nach der Trennung haben mich verändert und das ist ganz natürlich und auch vollkommen richtig so. Ich wurde vom Leben in eine deutliche Richtung gespült. In die Richtung, die meiner Wahrheit entspricht. Ich musste mein Versteckspiel und die Angepasstheit aufgeben, um mehr und mehr zu mir zu stehen und für mich, für uns, einzustehen. Kein *„Na klar, mache ich das, damit es den anderen gut geht.“*, sondern ein *„Was brauchen und wollen wir, um glücklich zu sein?“*

Mein neues Ich, das nach und nach wie ein Stein vom Meer geformt wurde und immer noch dabei ist, sich zu formen, steht mehr zu sich. Es ist noch immer nicht vollkommen sicher, aber es hat einiges erfahren und dadurch verinnerlicht. Was das ist, will ich dir an dieser Stelle nicht vorenthalten, denn vielleicht inspiriert und unterstützt es dich an dem ein oder anderen Punkt deines Lebens.

Ich bin nun viel besser darin zu erkennen, wenn Menschen sich mir oder anderen gegenüber grenzüberschreitend verhalten. Ich bin nicht mehr diejenige, die dies ständig entschuldigt, sondern die, die reagiert, wie auch immer es der jeweiligen Situation angemessen ist. Meine Haltung ist, dass jeder Mensch Respekt verdient hat, also auch ich.

Auch ist meine Intuition viel klarer geworden. Klar war sie vermutlich schon immer, aber ich schenke ihr jetzt deutlich mehr Aufmerksamkeit, auch, wenn mein Verstand keine plausible Erklärung findet, die der Intuition entspricht. Ich spüre, dass meine Intuition für sich steht und mein ganzes Vertrauen verdient hat, denn sie will mein Bestes. Dies schließt Herausforderungen nicht aus.

Das ist aber okay, denn das Leben ist nicht ruhig und gleichmäßig. Es will dich über deine Grenzen hinauswachsen sehen. Raus aus der Komfortzone und rein in das Gefühl der Lebendigkeit. Je öfter ich das mache, desto leichter fällt es mir, den Sprung über die gefühlte Klippe zu wagen.

Mein neues Ich weiß, dass es zahlreiche Möglichkeiten im Leben gibt und nie nur eine einzige. Auch, wenn du das Leben um dich herum vielleicht als sehr festgefahren erlebst, so ist es tatsächlich anders. Alles ist möglich, wenn du es in deiner Vorstellung zulässt. Die Weite, die bei dem Gedanken entsteht, ist heilsam. Als mir diese Erkenntnis kam, fühlte es sich an, als würden zahlreiche Ketten um meinen Körper gesprengt. Auch wenn alle anderen es anders machen als du, bedeutet das nicht, dass sie es „richtig" machen. Du kannst für dich erfühlen, was dich glücklich macht. Erlaube es dir, sprich es aus und lebe es. Die anderen werden es nicht nachvollziehen können, weil sie nicht du sind, aber das müssen sie auch nicht. Ich weiß, es klingt so simpel, ist es jedoch nicht immer. Kleine Schritte machen es leichter.

Weiterhin bin ich jetzt diejenige, die sich auf Beziehungen konzentriert, die auf Liebe basieren. Hier herrscht ein Gleichgewicht im Geben und Nehmen, Freiheit und Ungezwungenheit. Ich fühle mich gut mit diesen Menschen, weil sie mich sehen, wie ich bin und ehrlich sind.

Ein weiterer Punkt, den ich in den letzten Jahren erlebt habe, ist, dass immer Hilfe und Unterstützung da ist, wenn ich sie brauche. Oft, sehr oft, hatte ich Momente, in denen ich nicht weiter wusste und mich unglaublich allein gefühlt habe, doch wirklich immer kamen Menschen, die mir auf unterschiedliche Weise geholfen haben. Manchmal waren es auch keine Menschen, sondern passende Texte oder Ereignisse, die mir bezüglich der festgefahrenen Situation die Augen geöffnet haben. Ich muss mich nur drauf einlassen, offen sein und dann kommt auch die Klärung. Dies ist eine Erfahrung, die mir in sehr dunklen Stunden viel Halt und Zuversicht gegeben hat. Nur, weil sich etwas ausweglos anfühlt, muss es nicht so bleiben. Nimm Hilfe an, wie auch immer sie sich in deinem Leben zeigt!

Mein neues Ich ertappt sich schneller dabei, wenn es zu streng mit sich spricht. Sobald ich dies bei mir feststelle, unterbreche ich mich und beginne liebevoll mit mir zu reden, wie mit einer Freundin. Wenn die Zeiten dich eh schon fordern, du dich zerrissen fühlst und nur schwer zur Ruhe kommst, bringt es dann etwas, dich noch kleiner zu reden? Wohl eher nicht. Ich weiß selbst nicht, warum ich das lange Zeit gemacht habe und auch jetzt zeitweise noch in dieses Verhalten hineinrutsche.

Ich möchte so mit mir umgehen, wie ich auch mit anderen Menschen umgehe und zwar respekt-, liebe- und verständnisvoll! That's it! Ein Aspekt, der so logisch klingt, in der Umsetzung jedoch viel Übung benötigt, wenn er dir vorher nicht bewusst war. Das Umdenken ist immer der erste Schritt in die richtige Richtung. Der Fokus bei meinem neuen Ich liegt auf Selbstrespekt.

Ich vertraue meinen Gefühlen und sehe ihre Intensität als Geschenk. Sobald sie mich jedoch überwältigen, mache ich mir dies bewusst und lebe so eine Balance zwischen Herz und Kopf. Beides sind wichtige Instanzen, die ihre Berechtigung haben. Gefühlswellen lasse ich da sein, bis sie sich beruhigen und reagiere dann aus der entstehenden Klarheit heraus. Nicht aus der Emotion! Königsklasse für einen emotionalen Menschen wie mich, weshalb es hier auch noch Luft nach oben gibt. Da ich jedoch früher häufig als überempfindlich abgestempelt wurde, trägt mein neues Ich folgende Affirmation von Laura Malina Seiler stets in sich: *„Meine Gefühle sind mein innerer Schatz, der mein Leben zum Leuchten bringt. Ich achte und ehre diesen Schatz!"*[7]

Nach den letzten Jahren ist mir bewusst, dass Verhaltensveränderungen manchmal absolut notwendig sind, auch wenn sich noch alles fremd, angsteinflößend und auch unbequem anfühlt. So steht selbst in dem tollen Kinderbuch „Der Löwe in dir" von Rachel Bright und Jim Field sehr treffend: *„Der Gedanke daran war so fürchterlich, doch willst du was ändern, dann ändere DICH!"*[8]

Es gibt Situationen, in denen dieses veränderte Verhalten die Lösung ist. Und, das ist das wichtige daran, sie ist es auch, wenn das gewünschte Ergebnis nicht unmittelbar danach eintritt. Manches muss wirken, Zeit haben um sich zu entfalten und deshalb müssen wir dranbleiben. Ich halte jetzt somit länger durch, weil ich fühle und darauf vertraue, dass meine Veränderung der Schlüssel für die Veränderung eines unguten Zustands ist.

Abschließend nimmt mein neues Ich Situationen an, die unveränderbar sind. Ich lasse dann innerlich alle Waffen fallen und übe Annahme. Ich weiß dann, dass Widerstand zwecklos ist und mache es mir mit dem Satz *„Dann ist das so."* leichter. Ich weiß jetzt, dass ich immer mehr schaffen kann, als ich mir selbst zutraue und dass mich nicht jeder Sturm buchstäblich in Stücke reißt. Mein innerer Frieden ist stets mein höchstes Ziel.

Tada! Mein persönliches Wunder

An dieser Stelle möchte ich nochmals deutlich hervorheben, was mir in den letzten Jahren seit der Trennung geholfen hat, durch die bewegenden Zeiten meines Lebens zu gehen.

Beratung, Austausch und Hilfestellung habe ich unter anderem beim SKF e.V. (Sozialdienst katholischer Frauen) erhalten. Gemeinsam mit meinem Ex-Mann waren wir zur Klärung gewisser Dinge, die sich auf den Umgang unseres Sohnes beziehen, beim Caritasverband. Auch hier gibt es verschiedene Beratungsangebote zu allen möglichen Lebenslagen.

Neben diesen Institutionen, bei denen ich auf sehr zugewandtes, emphatisches und offenes Personal gestoßen bin, gab es noch anderes, was mir geholfen hat. In erster Linie waren es, wie in verschiedenen Stellen meines Buches beschrieben, Menschen, die mir jeweils zur passenden Zeit begegnet sind. Diese Menschen haben mir mit ihren Erfahrungen, ihrem offenen Ohr, ihrer Wirkung auf mich geholfen, Mut zu fassen, an mich zu glauben und weiter zu gehen. Ihre Sicht auf die Dinge hat mich immens dabei unterstützt, meine Perspektive zu wechseln und Situationen aus einem anderen Blickwinkel zu betrachten. Sie haben mir ebenso gezeigt, dass ich nicht alleine bin und auch nicht alles alleine schaffen muss.

Diese Art der Unterstützung hatte in meinem Fall einen überaus heilsamen Charakter. Hier habe ich ganz viel Liebe in unterschiedlichster Ausprägung erfahren, die mir die Kraft gegeben hat, mutig meinen Weg zu gehen. Ein Weg, der teilweise absolut im Nebel lag. Diese Menschen haben mir mit ihrer Art geholfen, den Nebel zu lichten und Möglichkeiten zu erkennen, die ich alleine nicht hätte sehen können.

Neben den verschiedenen Menschen, die mir geholfen haben, gab es einen weiteren großen Baustein, der mir geholfen hat. Ich hatte das große Bedürfnis, zu begreifen, was all meine gemachten Erfahrungen mir „sagen" wollen, was ich daraus lernen kann. Welchen Sinn macht das alles für mein Leben? Hierzu musste ich alles aus einer gewissen Tiefe betrachten. Diese Tiefe war ziemlich herausfordernd, doch durch sie konnte ich Zusammenhänge erkennen und neue Erkenntnisse gewinnen.

Hierbei hat mir Folgendes geholfen: Ganz maßgeblich die Arbeit mit meiner Emotions-Coachin, die mich intensiv unterstützt hat, mich mit all meinen Facetten und meiner Geschichte besser zu verstehen. Durch sie habe ich mich erst so richtig kennengelernt. Außerdem die Online Kurse von Bahar Yilmaz und Jeffrey Kastenmüller. Diese sind sehr tiefgreifend und in manchen Augen sicher speziell, doch mich haben sie genau deshalb extrem berührt und durch meine schwersten Zeiten getragen. Auch habe ich über die Kurse tolle Persönlichkeiten kennengelernt, die mir geholfen haben. Und nicht zuletzt der Podcast „happy, holy and confident" von Laura Malina Seiler.[9] Die Inhalte, wie Meditationen oder spirituelle Themen, haben mir immer gut getan und geholfen, zu erkennen, was mir in meinem Leben wichtig ist. Hier habe ich sehr viele wertvolle Impulse bekommen. Da ich mich mit Laura Malina Seiler, ihrem Leben und ihren Themen sehr gut identifizieren kann und mich davon sehr angesprochen fühle, stellt sich alleine beim Hören ihrer Stimme eine angenehme Entspanntheit in mir ein.

Zu diesem letzten Aspekt, der Arbeit an und mit mir, passt auch, dass ich hart daran gearbeitet habe, mental stark zu werden und an all den Aufgaben, die die Umbruchsphase meines Lebens mit sich brachte, nicht zu zerbrechen. Ich begann irgendwann, klar darauf zu vertrauen, dass alles irgendwie und irgendwann Sinn macht und dass das Leben es gut mit mir meint, auch wenn ich es an gewissen Punkten noch nicht klar sehen kann. Bei der langsamen Entwicklung dieses Vertrauens haben mir besondere „Zeichen" geholfen. So fing es bereits einige Zeit vor der Trennung an, dass mir in den verschiedensten Situationen Herzen begegneten. Damit meine ich nicht, dass ich in einem Geschäft Dekoherzen sah, nein, in ganz normalen Alltagssituation entdeckte ich zufällig Herzen.

So war es auch an diesem Sommertag: Mein Sohn war zwei Jahre alt. Er planschte für einige Zeit vergnügt in einem kleinen Wasserbecken herum. Als ich das Wasser danach in den Garten goss – der Garten war noch nicht richtig angelegt –, ergab dies eine Herzpfütze. Ich konnte im ersten Moment gar nicht richtig glauben, was ich sah, doch es war nicht zu leugnen. Vor mir befand sich eine Wasserpfütze in Herzform. Ich werde diesen Moment, genau wie zahlreiche andere, nicht vergessen.

Ein weiterer war, als ich mich in einer Phase befand, in der ich gerne Armbänder knüpfte. Ich saß auf dem Sofa, knüpfte ein Armband und als ich müde wurde, legte ich es auf den Wohnzimmertisch. Ich ging in die Küche und als mein Blick auf den Wohnzimmertisch fiel, lagen die Fäden des Armbandes in einer deutlichen Herzform. Wunderschön und mit dem Verstand nicht zu erklären. Solche Momente habe ich bereits sehr häufig erlebt und ich habe deshalb eine richtige Herzfotosammlung. Einige von diesen Herzen findest du auch in meinem Buch. Du hast sie sicher schon entdeckt!

Mit diesen Herzen, die mir in allen möglichen Situationen begegnet sind, verbinde ich ganz klar eine Botschaft für mich. Eine Botschaft, die mir sagt, dass ich auf dem richtigen Weg und nicht alleine bin und weiter darauf vertrauen darf, dass am Ende alles gut ist, wie es ist. Die Herzen vermitteln mir Mut, Verständnis und ein Gefühl der Entspannung. Für mich sind sie ein Hinweis des Lebens, der mich ermutigt, weiter zu machen und an mich und meine Stärke zu glauben.

Ich habe einmal gehört, dass das Leben mit jedem auf die Art und Weise kommuniziert, wie derjenige es am besten verstehen kann. Ich hatte schon immer ein Faible für Herzen und deren Bedeutung.

Vielleicht entdeckst du ja ähnliches in deinem Leben, wenn du bereit bist, dich achtsam darauf einzulassen. Halte auf jeden Fall deine Augen und Ohren offen und sei bereit für Wunder. In diesem Sinne:

„Sei realistisch! Glaube an Wunder!" [10]

Für mich sind diese immer wieder unerwartet auftauchenden Herzen ein großes Wunder, das nicht aufhört, mich zu verzaubern!

Nachwort und Danksagung

Irgendwie noch sehr unwirklich, jedoch ein großer Meilenstein für mich, dass ich es wirklich getan und dieses Buch geschrieben habe. Ich bin überaus stolz, meinen großen Wunsch endlich umgesetzt zu haben und hoffe sehr, dass meine Worte die ein oder andere berühren und dazu beitragen, erhobenen Hauptes den eigenen Weg zu gehen.

An vielen Stellen des Buches habe ich erwähnt, dass ich dankbar für die Hilfe all der Menschen bin, die mir auf ihre ganz individuelle Art und Weise in meinen sehr herausfordernden Zeiten zur Seite standen. Manche von euch waren kurz da, manche länger. Manche sind gegangen, andere dazugekommen und viele sind geblieben. Danke an jeden einzelnen. Ich hoffe, dass ihr euch hier angesprochen fühlt! Ganz besonders bedanken möchte ich mich bei denen, die mit mir durch sehr tiefe emotionale Prozesse gegangen sind, egal zu welchem Zeitpunkt.

Danke an Brigi, Nadine, Babsi, Jenny, Doris, Katja, Kerstin, Larissa, Sabrina, Sonja, Sarah, Petra, Sabine, Andrea, Ines und besonders meiner lieben Freundin Samira, für euer offenes Ohr, eure Impulse, eure Tatkraft und euer Verständnis. Freundschaft kennt keine Grenzen. Ganz besonders danke für euer Dasein in meinen dunkelsten Stunden! An dieser Stelle auch ein liebes Dankeschön an meine Schwester, für deine Unterstützung in den unterschiedlichsten Situationen, wann immer es dir möglich war.

Ein weiterer Dank geht an meinen Vater, der mir beim Umzug in unsere Wohlfühlwohnung so tatkräftig geholfen hat – beim Möbelaufbau, beim Anbringen der Regale und bei allem, was handwerklich zu tun war. Ohne dich hätte ich das alles nicht geschafft. Du warst immer ohne zu zögern zur Stelle, und dafür bin ich dir unendlich dankbar. Ein lieber Dank auch an meine Mutter für ihre Unterstützung an den Stellen, an denen sie mir geholfen hat.

Auch geht ein Dankeschön an dich raus, liebes Leben! Danke für all die Zeichen und versteckten Botschaften, die du mir stetig zukommen lässt und die mich an Wunder glauben lassen!

Ein ganz besonders unbeschreiblich riesiges Danke geht an meinen Sohn. Du bringst mich mit deiner erfrischenden und warmherzigen Art immer wieder zum Lachen und Schmunzeln. Mit dir kann ich Leichtigkeit wunderbar leben und auch in sehr schwierigen Phasen ohne Ende die scheinbar kleinen Dinge des Lebens entdecken und genießen. Du zeigst mir, was Liebe und grenzenlose Fülle bedeutet. Ich bin stolz, deine Mutter sein zu dürfen. Danke, mein Schatz!

Ich bedanke mich ebenso bei allen Autorinnen der Buchreihe „Allein mit Kind", die vor mir so mutig waren, ihre persönliche Geschichte zu schreiben! Ihr ward Vorbilder für mich, die mich motiviert haben, weiter zu schreiben und seid tolle Frauen, die sich nicht unterkriegen lassen. Jede von euch scheint auf ihre ganz einzigartige Weise!

Last, but not least, platziere ich hier ein herzliches Dankeschön an die Initiatorinnen dieser Buchreihe, ohne die dieses Buch niemals so erschienen wäre. Es braucht so starke und weise Frauen wie euch, die nicht nur Visionen haben, sondern diese auch trotz aller Hindernisse umsetzen. Ihr habt meinen größten Respekt und mein innigstes Danke, liebe Silke Wildner, Verena Meye und Christina Rinkl!

Zuletzt nochmal aus tiefstem Herzen:
Danke! Danke! Und nochmal Danke!

Platz für deine Notizen

Nun bist du an das Ende meines Buches gelangt. Ich möchte dir an dieser Stelle Raum geben, um dir gewisse Dinge in deinem Leben bewusst zu machen und ein Stück besser zu erforschen, wer du bist.

Lass Anworten auftauen, wann immer sie dich erreichen wollen und nimm dir die Zeit sie dir hier zu notieren. Sei radikal ehrlich zu dir, denn du bist wichtig! Mache es für dich. Mache es dir zuliebe. Ich wünsche dir dabei wundervolle Erkenntnisse und Aha-Erlebnisse.

Was tut mir gut und was ist mir in meinem Leben wichtig?

Wofür bin ich in meinem Leben, trotz aller Herausforderungen, dankbar?

Was kann ich konkret verändern, damit sich eine ungute Situation verbessert?

____

____

____

____

____

____

____

LITERATURVERZEICHNIS

1   Zuckowski, Rolf (1986). Ich schaff' das schon. Auf Ich schaff' das schon. Polydor.

2   Yilmaz, B., & Kastenmüller, J. (2024), Skywalker Online Training (Online Kurs). Abgerufen am 15.12.2024, von https://skywalkertraining.com

3   Eger, Dr. E. (2023). Das Geschenk. 14 Lektionen für ein besseres Leben. btb Verlag. S.51

4   Kuschik, K. (8. Auflage 2022). 50 Sätze, die das Leben leichter machen. Ein Kompass für mehr innere Souveränität. Rowohlt Taschenbuch Verlag. S.44, 106, 122, 129

5   Tony Robbins. (o. D.): Die Qualität deines Lebens ist die Qualität deiner Beziehungen. Zitiert nach Müller, A. (2024). It's in you. Finanzbuch Verlag. S. 193

6   Jacqueline Whitney. (o. D.): Ich hoffe, dass du dich an schwierigen Tagen daran erinnerst... . Zitiert nach baharyilmaz_official, Instagram-Post vom 23.2.2024, abgerufen am 25.2.2024 von https://www.instagram.com/p/C3sIT75MYIc/?img_index=1&igsh=ZWVrNng5ZWIIanUz

7   Seiler, Laura M. (2018) Higher Self Power Talk für einen richtig guten Tag (Podcast-Episode 117). In happy, holy & confident. Abgerufen am 27.1.2025, von https://lauraseiler.com/177-higher-self-power-talk-fuer-einen-richtig-guten-tag/

8   Bright, R. und Field, J. (2016). Der Löwe in dir. Magellan Verlag

9   Seiler, Laura M.(2015).Happy, Holy & Confident (Podcast). http://lauraseiler.com/podcast

10 Zitat: Sei realistisch! Glaube an Wunder!, Verfasser unbekannt

11 Zitat: Feier die Höhen, verwandle die Tiefen, wie auch immer du kannst. Zeig, dass du da bist, Verfasser unbekannt

BILDNACHWEISE

Cover: Karin Sklenak

Porträt: Monique Wemhoff

Phase 1: Monique Wemhoff
Phase 2: Monique Wemhoff
Phase 3: Monique Wemhoff

Bildkonzept und Bildbearbeitung: Silke Wildner

Stock-Material:
Blaue Wassertextur mit runden Wellen, istockphoto.de, IRA_EVVA

Sarah Zöllner

Sarah Zöllner ist freie Journalistin und Autorin. Ihre Themenschwerpunkte: Vereinbarkeit von Familie und Beruf, die Aufwertung von Care-Arbeit und die Stärkung von Alleinerziehenden. 2020 ist ihr erstes Buch „Alleinerziehend – und nun?" erschienen, 2023 ihr zweites Buch „Mütter. Macht. Politik. – Ein Aufruf!". Sie ist Co-Initiatorin der Aktions- und Vernetzungsplattform www.muetter-macht-politik.de.

→ **Website: sarahzoellner.com**
→ **Initiative: www.muetter-macht-politik.de**

Silke Wildner

Autorin, Bloggerin und Podcasterin Silke Wildner gründete 2018 „Gut alleinerziehend" mit ihrem gleichnamigen Blog und den beiden Facebook-Gruppen zum Austausch. Darüber hinaus macht sie seit 2020 zusammen mit Sina Wollgramm den Podcast „Das AE-Team - der positive Podcast für Alleinerziehende und solche, die es werden (wollen)" und hilft als Mentorin Frauen unabhängig zu sein – mental, beruflich und finanziell.

→ **Website: silkewildner.de**
→ **Blog: gut-alleinerziehend.de**

ALLEIN MIT KIND
Unsere Erfahrungen, unsere Learnings, unser Leben!

Diese Buchreihe gibt Einblicke in das echte Leben allein mit Kind/ern. **Diese Bände sind bisher erschienen:**

Band 1
Flexibler Umgang nach Trennung von Silke Wildner
gut-alleinerziehend.de

Band 2
Wenn der Tod dazwischenkommt von Inga Krauss
verwitwet-alleinerziehend.de / gerechte-hinterbliebenenrente.de

Band 3
Jobglück für Solo-Mamas – Vom Mut deine eigene Heldin zu sein, von Yvonne Thoben, Instagram: @Glueckswerkstatt.Coaching

Band 4
Mami macht's einfach – Selbständig im Helferberuf, von Sarah Eyles, saraheyles.de

Band 5
Mut im Bauch – Wenn aus Liebe Leben wird, von Colline Jux, Instagram: @_laroutedelacolline_

Band 6
Getrennt mit Baby – Eine emotionale Reise, von Sonya Mai
Instagram: @sonya_maien

Band 7
Mir zuliebe – Von der Reise zu mir selbst, von Monique Wemhoff
Instagram: @monique.wemhoff

Weitere Bände sind in Planung!

„Allein mit Kind" ist so viel mehr als nur eine Buchreihe!
Wie es ist allein mit Kind zu leben? Die Autorinnen dieser Buchreihe geben jetzt auch online Antworten und echte Einblicke in ihre turbulenten und mutigen Geschichten:

→ ⓘ Instagram: @alleinmitkind_community
→ ⓕ Facebook: @Allein-mit-Kind-Community

So kannst du bei dieser Buchreihe mitmachen:
Wenn du über deine persönlichen Erfahrungen schreiben und einen Einblick in dein Leben alleine mit einem oder mehreren Kindern geben möchtest und wie es dazu gekommen ist, dann stelle deine Learnings und Erfahrungen für andere Leser*innen bereit. Wir laden dich herzlich dazu ein, diese Buchreihe zu erweitern! Wie das geht, was es kostet und wie der genaue Ablauf ist, das erfährst du von Silke Wildner.

Schreib ihr einfach eine Mail für weitere Infos an:
✉ buch.gut-alleinerziehend@gmx.de